苏·区·振·兴·八·周·年

乡野调研实录集

Rural Survey Records

刘善庆　黎志辉◎主编　周　琪　江　玲　龚苡慧◎副主编

图书在版编目（CIP）数据

乡野调研实录集 / 刘善庆，黎志辉主编 . — 北京：经济管理出版社，2021.1

ISBN 978-7-5096-7680-6

Ⅰ . ①乡… Ⅱ . ①刘… ②黎… Ⅲ . ①农村—社会调查—江西 Ⅳ . ① D668

中国版本图书馆 CIP 数据核字（2021）第 027185 号

组稿编辑：丁慧敏
责任编辑：丁慧敏 张广花 王东霞
责任印制：黄章平
责任校对：王纪慧

出版发行：经济管理出版社
（北京市海淀区北蜂窝 8 号中雅大厦 A 座 11 层 100038）
网 址：www.E-mp.com.cn
电 话：（010）51915602
印 刷：唐山玺诚印务有限公司
经 销：新华书店
开 本：710mm × 1000mm/16
印 张：9.75
字 数：131 千字
版 次：2021 年 1 月第 1 版 2021 年 1 月第 1 次印刷
书 号：ISBN 978-7-5096-7680-6
定 价：59.00 元

前言·PREFACE

党中央、国务院历来重视革命老区建设，2012年颁布《国务院关于支持赣南等原中央苏区振兴发展的若干意见》(以下简称《若干意见》)，从此掀开了老区发展的新篇章。为服务于国家战略，江西师范大学在2012年整合本校历史文化与旅游学院、商学院、财政金融学院、政法学院、马克思主义学院研究力量，组建了苏区振兴研究院。自成立后，苏区振兴研究院便立足于赣南等原中央苏区经济社会发展需要，开展苏区振兴的基础理论与应用对策研究，为原中央苏区振兴发展提供智力支持和社会服务。

习近平总书记指出，调查研究是我们党的传家宝，是做好各项工作的基本功。如何让学生走出校园开展调查研究，苏区振兴研究院自成立以来陆续开展的调研活动为此进行了积极探索。大型调研开展了多次，如2017年7~9月，苏区振兴研究院就民生领域发展情况对赣州多个县（市、区）开展调研；2019年1月，为重点调研《若干意见》实施以来各地各有关部门在农业、工业、服务业、基础设施、财税政策、体制机制、对口支援等方面的落实情况，苏区振兴研究院组织老师、学生团队进行了为期一个月的实地调研，覆盖赣州18个县（市、区）；为拓宽调研范围，听取苏区各县2020年后争取上级支持的政策建议，2019年7~8月，苏区振兴研究院再次组织调研团队前往抚州、吉安两地开展调研，共覆盖21个县（市、区）。除此之外，还开展了其他独具特色的学生社团调研、主题调研、个人回乡调研等，如2019年8月20日开始的红色原野调研社神山村调研，以及每个假期都开展的学生回乡调研。

几年来，一批批赣地学子通过苏区振兴研究院平台，先后踏上苏区调研之路，感知政策福音，篇篇感悟涌上心头，跃然纸上。

目 录 · CONTENTS

第一篇

师生赴赣南等原中央苏区调研心得

山在脚下，路在前方——楼溪村调研感悟

刘梦怡[①]

2017年7月15日早晨，温凉的山风自东而来，带来大山深处的问候。早晨的阳光渐渐炽热起来，昭示着一天的好天气从这里开始。镇上隔天一次的赶圩伴随着街边炉灶上氤氲的蒸汽慢慢热闹起来。对于乡镇上的人来说赶圩不过是隔天的日常，而对另外一些人来说，则要经过十多公里的艰苦跋涉。

早上八点，谢主任已经准备启程，我们将跟随谢主任前往楼溪村。谢主任是楼溪村的书记，毕业之后的所有时光，全都奉献给了楼溪村。每个周末，他都要到村里看看，看看村子的变化，和乡亲们聊聊他们家中最近的情况。从乡政府驱车二十分钟，我们来到了楼溪村村委会。和之前蜿蜒的盘山公路不同，去楼溪村的路途并没有我们想象中那么曲折，我们的楼溪之行应该会比较轻松。

我们的楼溪之行从村委会旁一座跨越楼溪河的石桥开始，桥下的山泉水缓缓流淌，潺潺的流水声给我们的旅途增添了几分惬意。楼溪村的通组公路马上就要修完了，走过一段尘土飞扬的山路，就可以看见最近的一个村组，正在修通组公路。村民们热火朝天地进行着各项工作，整齐平坦的水泥路正在他们脚下慢慢铺开，铺开的不仅是一条沟通内外的水泥路，更是一条带来生意的经济之路。

走在通往楼溪村深处的路上，可以看见路边还有修水泥路之前人工开凿的山路，听谢主任说这是很早以前的人们一锄头一铁锹挖出来的。山的一侧是陡峭的悬崖，另一侧是磊磊的岩石，修路工程量的巨

① 江西师范大学马克思主义学院、苏区振兴研究院硕士研究生。

大让我们不禁感叹劳动人民的辛苦付出。山路艰辛修来不易，但是民主选举之路却没有因为山路而止步不前。这是一条走出来的选举之路。再往前走就可以看见楼溪村的养牛场——犇腾养牛合作社。

不巧的是合作社的理事长并不在养牛场，没有采访到理事长略显遗憾，但是不请自来的我们还是参观了养牛场。养牛场的规模很大，大约养殖了 100 头牛，以肉牛为主，合作社拉低收入群众进社，设立利益联结机制，签订合作协议，按照每个月 200 元 / 头的标准发放给领养牛的低收入群众。放牛的活计并不累，这样的方法大大增加了一些劳动能力不强的低收入群众的收入，让他们能够用自己的双手创造财富。

走过一座山，后面又是一座山，连绵不断的山里可以看见已经荒芜的农田。大山留不住渴望繁华城市的年轻人，年长的老人和年幼的孩子守在大山深处，蜿蜒曲折的楼溪河沿着脉脉的山麓向前流去，对于他们来说，楼溪村就是故乡，是应该留守的生活记忆。有人家处就有楼溪河，有楼溪河处就有用石头夯实的石桥架在楼溪河上，石桥上的风霜痕迹揭示了它们背负的楼溪历史。一棵途中偶遇的楠木有两百多年历史，见证着这里的沧海桑田、人来人往。途经一座隐在山上的寺庙，庙里只有一位老人家供奉着香火，袅袅的香火轻烟直上，供奉着老人家坚守大山的信念。

再往山里去，偶遇一群合作社放养的山羊，在山中飞檐走壁如入无人之境，霸道地占据了整个山路。头羊偏着头看了我们一眼，仿佛不将我们放在眼中，“咩咩”地叫了两声让出一条路。听谢主任介绍，在山中散养出来的山羊肉质更为鲜美，价格也更高。走在山涧的山羊，是大山给予子民的馈赠。

偶遇山羊没过多久，我们就看见了建在山麓下的羊棚，和一座初具规模的合作社。

合作社的理事长有一片瓜田。走过漫漫长路的我们看着西瓜早已垂涎三尺了，大山孕育出的西瓜，经过楼溪村清甜的泉水灌溉格外的甜，甜过楼溪村的山泉水，甜过楼溪村充满“少女心”的粉色土坯房。

仅仅一个上午，计步器上显示的 19000 的步数，对我来说是一次罕见的挑战，对他们村干部来说则是家常便饭。延绵不断的大山似乎要把这个地方与世隔绝，而一条条蜿蜒曲折的通组道路，是那群扎根于农村的基层干部历经艰辛争取而来的共享小康的共同富裕之路。

难忘的岁月

魏日盛[①]

从 2017 年 7 月 3 日出发到 7 月 25 日回到赣州，整整 22 天，我们相继去了兴国南坑、安远镇岗、信丰西牛等，几乎跑遍了 15 个村庄，收集了大量的材料，访谈了村干部、乡干部和村庄能人，也吃遍了各种各样的美食，遇到过挫折，经历过尴尬，发生过矛盾，最终还是顺利完成调研；我的皮肤从一开始带着一点江南人的白皙，到现在快赶上煤炭般的黝黑，这也见证着我在毫无遮挡的烈日下，走过了一个又一个村庄，见过了一批又一批的村社能人；从以前早睡早起、中午午休，到现在晚睡早起没午觉，偶尔坐在村委会小憩一会的作息规律的改变。所有这一切，大家从来没有怨言，黑了还会再白，困了以后可以再睡，这样的学习机会，一旦错过了，就真的没有了。

从 7 月 25 日晚上到 7 月 27 日上午，无论在哪个时间段，都有困意、冷寂、不知所措向我袭来。可能因为正值酷暑，唯有房间加空调才是真正的避暑港湾吧。此刻我正在赣州二姐家，感受着这座小城的惬意，偶尔训斥下一大一小的外甥和外甥女。没有之前六点半不到就响的闹钟，没有彻夜整理不完的录音材料，就连电脑也安安静静待在书包里享受着这一刻的安宁。早上睡到自然醒之后可以吃吃特色早餐，中午

① 江西师范大学马克思主义学院博士研究生。

躲在空调下看看电视，晚上带着两个小家伙去河边或者黄金广场散散步，似乎这些都成了我的日常生活，而这也是二姐的日常生活。

从 2017 年 2 月第一次真正意义上出去调研到 7 月 24 日故地重游信丰曾屋，看着这个现代农业示范基地完成了最初的设想，正朝着它不可限量的未来起航，我由衷地感到高兴，尽管这不是我的故乡。这个村完成了太阳能路灯的安装，蔬菜大棚已经成型，蔬果分配中心开始运行，曾小农连锁店坐落到信丰的各个角落，唯一不变的就是那群全镇最年轻的村干部，还是那样没日没夜、无休无止地工作，无私奉献于这个散发着无限生机的小山村。

确切地说，这次暑假调研我经历了三个层次。第一个层次是在兴国南坑，由恩师们带队出发，通过座谈会的形式掌握了基本的信息，然后我们留下负责收集一些具体的信息，这个相对来说比较简单；第二个层次是在安远镇岗，恩师们提前联系了乡党委书记，让我们自行前往参加调研。调研的顺利进行，得益于书记和乡长的大力支持，得益于调研全程的专人陪同；第三个层次是在兴国西牛，在 2 月已有接触，所以由我们自己联系相关人员，然后直接前往收集部分材料，幸好遇到了正在乡里开会的书记，因而也顺利完成了材料收集的任务。当然还有最后一个层次我还没有去实践，那就是拿着介绍信单独前往一个陌生之地进行深入调研，这已经成为了学生的常态，我以后的调研也应该不会缺少这一流程。

调研的过程也是成长的过程。2 月 16 日老师把我们单独留在曾屋村，我整整一晚紧张至失眠，而这次虽然紧张但却能从容面对。我本来出身于农村，但在外求学时间太长，缺乏社会经验，导致在农村会面临各种各样的问题。在农村基层，人们热情好客，常用酒来招待客人。正是这样的酒桌文化，才让我们深深走进了这个群体，了解到农村基层工作的冰山一角。

接下来的任务主要包括材料整理，撰写一篇三四万字的调研报告，当然还有毕业论文的写作。

结束意味着新的开始。不管如何，脚下的路，还需要继续走！

镇岗故事

杨婷婷①

告别重峦叠嶂的南坑乡，来到风景怡人的安远县，途中低矮的山坡和宽阔的道路，让人有种豁然开朗的感觉。其间还下起了瓢泼大雨，前方的道路顿时蒙上了一层水帘，空气清新了不少，没过多久太阳在蓝天白云中露出了脸。我们带着以“乡风文明”建设为主题的社会调研来到了果香四溢的镇岗乡。

短短三天，我们在赖书记的带领下，走遍了镇岗乡所有行政村的综合治理中心，采访了每个村的书记和主任关于“乡风文明”建设的理解和活动进程，总结出“乡风文明”建设主要是从文化建设的基础设施和移风易俗着手，比如，农家书屋、文化广场、活动中心的投资和发挥的作用，以及红白事理事会对于村民家红白事的参与度和调解度。所以，我以为乡风文明建设就局限于这些物质形式。

直到前几天，文化站长开着车回头问我，想了解文化的哪些方面，我表示就想知道镇岗乡的公共文化建设的内容。站长一脸严肃地看着我说：“我们镇岗乡有着很多脍炙人口的故事，远远不止你所说的表面上的公共文化建设。”说着他就指着前方的远山，“你看到那座山了吗？它的名字是‘狮头石’，像一头卧着沉睡的狮子，它来源于徐真和孽龙的故事，这边的每一个村的名字都有一个美丽的故事。”接着站长就开始向我们讲述“龙安桥”是徐真悼念好友孽龙的故地，“东升围”名字的由来……

① 江西师范大学马克思主义学院硕士研究生。

聊到这边的名胜古迹，就不得不提现阶段老围村在重点打造的“东升围”。东升围始建于清道光二十二年，由农民出身的陈朗庭所建，坐北朝南，略呈方形，四角均建有高出围屋一层的炮台，围屋高13米，墙体厚1.3米，共有四层，围内共有199间房屋，9个厅，18个天井，俗称“九厅十八井”。这种聚族而居的赣南客家“土围子”是我国南方建筑艺术上一种富有地方特色的遗迹。老围村书记提到，该村作为“十三五”规划村，利用老围屋的建筑特色和历史文化，成立老围村劳务专业合作社，低收入群众通过在合作社参股和务工脱贫。之前老围屋搞花海项目，国庆旅游人数达到15万，所以当地的村干部对于通过旅游脱贫很有信心。

镇岗乡不仅利用旅游发展带领当地老百姓脱贫，还依靠当地丘陵地貌的优势发展果业。罗山村的书记告诉我们，之前这边以种植脐橙为主，每年冬季到来时，树枝上的叶子没剩多少，漫山遍野挂满了金黄色的脐橙，果香飘散在家家户户，像喷了香水一般，所以当地人们的生活还不错。直到2013年，黄龙病把绝大部分的脐橙树感染了，很多果农赔了不少。2014年，镇岗乡就开始转产业，开始种植鹰嘴桃、百香果、猕猴桃、烟草、水稻等，真正实现“一村一品”的目标。政府通过大力修建水渠、公路等基础设施和采取相关的种植补助措施，让当地的百姓重拾信心。

其间，我们还去了镇岗乡附近的三百山，它是国家森林公园，属火山地貌，中山逶迤、峰奇石异，山内满谷纵横、溪流密布。作为清澈秀丽的东江源，三百山集山势、林海、瀑布、温泉四大自然风景奇观为一体，拥有壮丽密集的潭瀑群，保存完好的常绿阔叶林，一年四季气候温凉，舒适宜人，是夏季避暑的好去处。

镇岗乡结合自身的地理环境和交通便利的优势，重点发展旅游业和果园，通过提高欠发达地区的造血功能，让广大的低收入群众共享发展成果。

云端之上，大山之下——南坑乡中叶村调研有感

刘梦怡①

2017年7月14日上午我们从南坑乡政府出发，跟随钟部长前往中叶村。南坑乡政府位于南坑乡中心地势较为平缓的地带，四面都是山。驱车向东，路边的房屋，新建的保障房，稀稀落落的油茶树，还有偶尔路过的村民一闪而过。从山脚下出发，一路上山，越往山上迈进，山路越发陡峭。沿着曲折的山路，向车窗外看去，能看见修整得整整齐齐的田垄，绿意盎然的水稻在早晨八九点的阳光下焕发着生机勃勃的光彩。路的右边是被切开的山，裸露出夹杂着红黄青色的山石，路的左边遥望下去是田、屋、乡镇。在经过一个大的“U”形弯之后，我们绕过大山，来到了山的另外一边——中叶村。

中叶村是一个很大的村庄，有好几个村小组，但是这些村小组十分分散。过了“中叶村”的告示牌，映入眼帘的便是村里为“五保户”修建的保障房，青瓦白墙的两层小楼，看上去并不像是保障房，反而像是村民修建的自家农屋，但外面贴着的“心连心”帮扶牌却提醒着我们这里面居住的是孤寡老人。我们并没有下车，只是摇下车窗与他们打了招呼，老人家却热情地招呼我们进去喝茶，脸上洋溢着幸福的笑容。纵然孤寡，却依旧有政府托底。

开过保障房，我们接着向前行驶，沿着山路不断向上爬坡，车窗外是连绵不断的高山，车上方是一碧如洗的天空。蔚蓝的天让我们忘记这是在赣州，山路尽头的白云让我们忘记这是在中叶村，这条山路仿佛是一条朝圣之路，山路的尽头就是我们的目的地。

---

① 江西师范大学马克思主义学院、苏区振兴研究院硕士研究生。

十几分钟后，我们来到了另一个地势略低的村小组，远方的田野上零星地点缀着几座土黄色的老房子，路边都是修建得十分漂亮的新房。村民十分热情地和钟部长打招呼，钟部长向村民们介绍我们是来自江西师范大学苏区振兴研究院的调研员，来了解一些中叶村的情况。村民们不仅热情地接待了我们，还拿出自家种的西瓜招待我们。在与村民们的交谈中，我们了解到尽管已经修建了通组公路，但是去一趟乡镇依然很困难，村里并没有班车，去乡里就只能坐同村人的面包车。虽然村里有教学点、村小学，城乡均衡义务教育也在如火如荼地发展，但是村里人少并且各个村组之间都相隔很远，所以孩子们读书依然是一个很大的难题。三年级之后就要去乡镇念小学，对于一个年仅十岁的孩子来说这并不容易。大山里的孩子依靠读书才能走出去，他们走过的是蜿蜒曲折的山路，背着的是父母的关心，带着的是全家人殷切的希望——走出大山。

离开这个村小组，我们又去了中叶村的南坑乡山华山养殖场。还没走到合作社我们就已经看见散养的鸡鸭在山中穿梭，听见咩咩的羊叫声从屋棚里传来。合作社的规模并不大，大概有四五十只山羊，现在是夏天，天气炎热，所以下午山羊才会被放出去活动。在合作社里我们见到了合作社的刘理事长，刘理事长接受了我们的采访，在和他的交谈中我们大致了解了合作社的运营情况。合作社所饲养的是国外引进的波尔山羊，一年可出两栏，一只山羊按照 20~30 元 / 斤的价格出售，纯利润可达 400 元 / 只，一年的纯利润一般为 4 万 ~5 万元，再加上合作社不仅散养了一些鸡鸭，还在县里开了餐饮店，因此合作社一年的纯收入有十几万元。合作社还处在学习技术的初级阶段，之后加上政府的投入预计会扩大规模并拉低收入群众入股，发挥合作社连接低收入群众的联动作用。合作社的政府支持资金主要来自于三个方面：一是扶贫项目政府资金，政府投资折价入股；二是国家烟草局项目扶持资金，现在项目申报书已经入库；三是吸纳低收入群众加入合作社。对未来合作社的发展规划刘理事长侃侃而谈，国家政策对于合作社的帮扶让刘理事长对于未来的发展信心满满。

告别了刘理事长之后，继续我们的中叶之旅，可就在这时钟部长忽然神神秘秘地和我们说要带我们出去，就在我们百思不得其解之际，一块告示牌解答了这一谜题，上面赫然写着“君埠乡”，我们这才得知我们已经离开兴国县，来到了吉安市永丰县。君埠乡拥有与中叶村截然不同的风貌。君埠乡地势平缓，山都不是很高，相比于中叶村陡然入云的山只能称为小山坡。此外，在君埠乡随处可见的荷花高高地耸立在水塘中，听钟部长介绍，君埠乡几乎家家户户都种荷花、采莲子。不同的地势地貌，不同的政府支持政策造就了一方水土养一方人。

不管是否情愿，生活总在催促我们迈步向前，人们整装、启程、跋涉、落脚，停在哪里，哪里就会有生活的希望。云端之上的是仰望天空、是仰望美好生活的祈盼，大山之下的是脚踏实地、是创造幸福生活的踏实肯干。在这之间连接的是扎根在大山深处的村干部，他们从不停歇的脚步像候鸟一样为大山带来了焕然新生的希望。

人在囧途——辞南坑、入镇岗

刘梦怡①

天下没有不散的筵席，尽管不舍，为期一周的南坑调研之行还是结束了。刚来到南坑的那天正逢赶集，当时的场景还历历在目。

热闹是南坑给我们的第一印象。走在南坑的街头，路边的乡亲们热情地招呼我们，向我们介绍他们的土特产，小鱼干是南坑河水滋养的，自家腌制的酸菜里有着南坑特有的味道，赣南特产炸米果透出的是浓郁的茶香……

热心的乡镇干部像款待自家人一样款待我们，“来了南坑乡就是南

① 江西师范大学马克思主义学院、苏区振兴研究院硕士研究生。

坑人”，这是我们从他们口中听到最多的一句话。他们毫无保留地为我们提供所需要的资料，还特意抽出时间带我们下村考察。周部长带我们走访完了他所帮扶的低收入群众，辗转富兴村和富宝村之间，周部长对他们家中的大小事情清清楚楚；钟部长带我们走访了他驻扎在第一线的中叶村，这一次我们奔波在山路之间，看遍了和走遍了整个中叶，钟部长对中叶村的大小事情都了解得极为详细，让人佩服；谢主任带我们走访了大山深处的楼溪村，这一次是真正的“走访”，将近四小时的行程将整个楼溪的风貌览尽，说起楼溪的点点滴滴谢主任如数家珍……

还有许许多多感动我们的事情，文章道不尽，道不尽南坑的风土人情，道不尽乡民的热情款待，道不尽乡村干部的任劳任怨。

热闹、热情、热心——这是一个“火热”的南坑。虽满怀不舍，但我们还是踏上了离开南坑的班车，还是那条蜿蜒曲折的盘山公路，山路有 272 个弯，过了这 272 个弯我们就到了县城，我们一个一个地数着，数一个弯道一声再见，转一座山说一句珍重。

南坑！再见，珍重！

大山的声音

魏日盛[①]

十天的时间，数之不尽的人，上到乡长书记，下到普通村民，年长者七八九十岁有余，年幼者二三四岁不定。匆匆忙忙，在那个仅一眼就能看到边的小镇，还有周围连绵不断的高山，留下的不仅仅是记忆，更多的是一种敬畏，不是敬畏大山，而是那群守护大山的人！

年少时，拥有大山却无比坚定要走出去；长大后，身处闹市但无

① 江西师范大学马克思主义学院博士研究生。

比渴望回归自然。对于长期工作生活在第一线，甚至很多都是与我年龄相仿的领导干部，我由衷敬仰他们，因为我没有那样的勇气扎根于那个生我养我的土地。通过与他们的几次接触，我对他们的工作又有了新的理解。“5+2”“白 + 黑”是常态，对他们而言，时间是有限度的，而工作则是无止境的。自然灾害、突发事件等成为了他们工作的理由，一个电话就是他们整夜不眠的音符，回家看望、睡个好觉竟一时成为他们最大的奢望。有时候亲人的不理解、朋友的比较，都无法阻止他们继续工作，因为他们知道总有一天，全世界都能懂，都能知道自己正在做以及未来坚持做的事是一件有意义的事。

作为一名农村基层工作人员，可能你会自豪，因为与常人相比你不是常人。但是可以在无尽的星夜下，喝着冰啤酒，连带着那些不快一饮而尽。守护着大山，改变贫穷落后、愚昧无知的面貌，尽管不知道什么时候能不再是“世外桃源”，但是依然坚持守候，或许，他们也是最“可爱”的人吧！

在成人的世界，价值才是真正值得我们追求的！

——仅以拙笔献给我们在南坑调研中遇到的基层工作人员

调研之一路向南

王海涛[①]

车窗外的世界，显示着越来越远的离别。我转身向南，背影开始很美。

2017 年 7 月 5 日一大早从家里起床，从九江德安赶上早班动车前往南昌，还没来得及吃早餐，就这样匆匆忙忙地开始了南下之路。

---

① 华东师范大学博士研究生。

7月6日到7月15日在兴国县南坑乡。开始印象最深的是我们调研组的老师，虽然面对繁重的调研课题任务和艰苦的调研环境，但他们却有一种苦中作乐的精神，在整个调研过程中给我们随行的学生既起到了调研的领航作用又起到了心理的疏导作用。可以说这些老师确实做到了以身作则，给我们树立了榜样。在南坑乡的这段时间，我们克服了困难并顺利完成调研任务，如果满分100分，我会给我们打99分，剩下1分就留到以后再去超越吧。因为是大山深处，我们要到各个村庄去完成任务，有时候甚至在大太阳下走4小时的山路。在客家文化中，饭桌酒文化特别浓厚，虽然我对酒之类的并不非常喜爱，但“入乡随俗”的我们品尝到了客家人热情的美酒。

为了能更好地记录信息，我们在乡政府工作至凌晨12点。或许看到这，会有人以为我是在抱怨调研过程中所遇到的挫折，可在实际过程中，我们在这调研的几位同学丝毫没有抱怨或者退缩，这就是为什么我会给我们打99分的高分。接下来讲讲南坑乡的情况，多天的走访调研直接改变了我对基层干部的看法，对基层干部产生了由衷的敬佩。为了走访群众，在未通路的村小组，走2小时的山路；为了完成上级下达的任务，早已是“白＋黑”和“5+2”的工作模式；为了帮扶低收入群众发展，可以说是竭尽全力。可能是我体弱多病的原因，刚到南坑乡第4天我就感冒了，看到同行的小伙伴在认真整理材料，而我却帮不上忙，深感愧疚。于是我利用发烧的大脑写了一首诗，希望与大家共勉。

风尘仆仆赴兴国，心似箭弩疾如风。
怎奈难逃酷热暑，将我一军力竭轻。
思想万千飞外城，你我同心为复兴。

7月16日来到安远县镇岗乡。有个朋友和我开玩笑地说，“你真厉害，现在是跨越了整个江西。”喜欢游玩的我，初到安远便被这里的风景吸引，我和同伴打赌这里应该是主打旅游业。果不其然，这几天在镇岗乡纪委书记的陪同下，我们已经走访调研了9个行政村，确实还真有几个发展不错的村依托本地的自然条件发展旅游业，带领当地民众致富。

最后我看着定位截图从九江德安到安远的 542.2 千米，思忖良久，顿悟了此次南下的意义：以脚丈量，知民识众，扎根土地。

千里之行，始于足下

周　琪[①]

2018 年 10 月 9 日接到老师通知去安远调研，当时很兴奋，因为去实地走访调研，不仅可以获取更多有用的信息，还能锻炼自己各方面的能力，这对于我们来说是一次很好的学习机会。

10 月 10 日到达安远县，我们受到了安远县委常委、常务副县长和副县长以及县政府办公室、发改委、振兴办等领导的热情接待。他们的热情接待为我们的工作做了一个很好的铺垫。

本次调研围绕乡村振兴规划工作进行。在安远县有关部门的带领下，我们深入三百山镇、镇岗乡、凤山乡等地进行实地调研，了解安远旅游业、农业、商业的发展情况，收集了比较丰富的研究资料，为下一步工作奠定了比较坚实的资料基础。

10 月 11 日，我们来到赣州市统计局，在苏区振兴研究院与赣州市统计局合作举办的座谈会上进行深入交流，双方合作再上新台阶。

我对此次调研的感触非常深刻。记得有一位老师说过“平台比能力重要，能力比知识重要”。首先，正是有了苏区振兴研究院这个平台，有了苏区振兴研究院与各个单位的合作，我们才能更好地深入实地进行调查，获得一手的资料和数据，进行论文和调研报告的撰写，为广大人民群众服务。其次，每次下县或者下乡调研都是对自己能力的一种培养，培养自己待人接物的能力、与人沟通交往的能力、灵活

① 江西师范大学马克思主义学院、苏区振兴研究院硕士研究生。

应变的实践能力等。最后，就是知识的架构，苏区振兴研究院有一支强大的科研团队，还有专门进行调研等活动的红色原野调研社，在这里能学到很多专业的理论知识。

很幸运自己能加入这支队伍，因为在这里我们不仅能更好地学习理论知识，还能深入实地进行调研，将实践与理论进行完美的结合。非常感谢学院对我们的栽培，我们也定当不辱使命，深入农村进行调研，千里之行，始于足下，坚持自己的初衷，一步一个脚印向前走。

艰辛知人生，调研长才干

龚苡慧①

2018年10月9日收到老师的消息，第二天要到安远县调研，当时很激动，因为这是我的第一次实地调研。第二天出发，到了安远县，安远县相关领导热情接待了我们。

10月10日开始实地调研，本次调研围绕乡村振兴规划工作进行。在安远县发改委、振兴办等部门领导陪同下，我们先后深入三百山镇、镇岗乡、凤山乡等地，了解旅游业、农业、商业的发展情况。当天天气不是很好，阴冷夹杂着大风，因为走得急，我只穿了一件单薄的外套，不过与满档的行程、一步一学习的走访相比，这点冷不算什么。

本次调研，收获之丰不言而喻，对于我来说，意义在于两点。首先是“艰辛知人生”，整个调研过程中，我不禁感慨三百山镇、镇岗乡、凤山乡在乡村振兴规划中所做的努力，感慨之余，也对领导班子这一群体有了新的认识。经过一天的调研接触，我对这群领导班子多了几分敬佩，他们确实也应了那句“在其位，谋其政”，每个岗位都有其需要承担的重量，

① 江西师范大学马克思主义学院、苏区振兴研究院硕士研究生。

当我们站在自己的位置，凭主观意念轻视别人岗位的时候，其实也该想想，当有一天我们自己到了那个岗位，是否也能同样把事情做好。人生不易，想要在自己的岗位上做到“抓铁有痕，踏石有印”更是不易。

其次是“调研长才干”，调研的过程对于我来说也是一个积淀才干的过程。这种积淀，既有原本知识的强化，也有老思路的转折甚至新生。以前想过一个问题，别人把知识写到了书里，我通过学习把知识搬到了自己这儿，为什么很难再有新的东西产生。如今看来，别人是通过学习和实践产生了新知识、新智慧，而我只有学习过来，没有实践又怎会产生更多新东西？在之前的各种比赛和论文写作中，困扰我的往往就是数据和落地的问题，此次调研不得不说真的解开了我以往遇到的很多结，或许这就是调研最本真的意义所在。

读万卷书，行万里路

刘梦忠[①]

2019 年初，我在学校得知寒假有机会到赣南十八县进行调研，内心十分激动，毕竟这是我人生中的第一次调研，这对于喜欢尝试新鲜事物的我来说有比较大的吸引力，我对调研满怀期待。

在调研之前我们做了很多准备工作，首先搜索了赣南地区对口支援的相关数据，其次针对不同对象做了问卷和访谈提纲，最后我们对问卷和访谈提纲进行一遍又一遍的修改，一次又一次地开会讨论，终于完成了前期的准备工作，仅这些工作就花费了我们比较多的时间，在那个时候内心有些许抵触，毕竟这太费时间和精力了，但是这些想法很快就消失了。

2019 年 1 月 13 日，在老师、学长、学姐们的带领下，我开启了调研

① 江西师范大学商学院本科生。

之旅。这是我第一次参加调研，也是我第一次来到赣南这片土地上。在顺利完成第一天调研后，我意识到前期准备工作的重要性，现在想来，如果没有前期的精心准备，调研也就不会这么顺利，可能会出现预料不到的种种情况。调研的第一天，似乎没有想象中的那么糟糕，所有工作都有条不紊地进行着，用刘老师的话来说就是“高效”，我认为这得益于以下两点：一是我们前期做了详尽的准备工作；二是团队的分工明确。调研组虽然人数不多，但每个小组都有自己负责的任务，而且每个小组内部分工明确，提前安排好了工作。在此基础上，不但组内成员进行合作，而且组与组之间的成员也相互合作。这样的团队协作使我们调研的效率大大提高。

调研的第一天，我感受最深的两个地方是前期准备工作以及团队合作的重要性，以前我也或多或少知道两者的重要性，但这次调研却让我的感受更为深刻，这也是这次调研的意义所在。读万卷书，行万里路，相信接下来的调研能让我领悟到更加有意义的东西，真正做到不虚此行。

纸上得来终觉浅，绝知此事要躬行

赵美琪[①]

2018 年 9 月，我很荣幸能够成为苏区振兴研究院的一名研究生，在之后的专业课学习以及导师的支持下，和同门师弟开始外出调研，第一次去吉安市调研结束后，我们俩就定了个小目标：走遍苏区。得知苏区振兴研究院的这次寒假集中调研的安排后，我既激动又期待，因为离我们的目标又近了一步！

虽然之前也做过调研，但这次与以往不同，上次去赣州宁都和于都调研的时候，我们是带着苏区振兴研究院的介绍信，直接去当地欠

① 江西师范大学马克思主义学院、苏区振兴研究院硕士研究生。

发达的村子进行访谈。而这次是在各县振兴办的支持下，了解县里各单位关于苏区振兴发展工作的总体情况。之前采访过村干部，这次采访了县领导，不同的视角，由下到上，由点到面，真的是受益颇多。

每次调研我都有不少收获，这次也不例外。通过这次调研，我学到了很多。首先，在与人交往的过程中很讲究技巧，说话的方式、内容、自己的态度，都决定着交流的成功与否。如何与别人沟通好，这门技术需要长期练习。别人给你的意见，你要耐心、虚心地接受。其次，遇到困难，要懂得寻找解决问题的方法，在这个过程中不断学习。不仅如此，通过分小组调研的方式，我更加明白了团队合作的重要性，人与人之间合力去做事，才能够事半功倍。当然，沟通、理解、信任，这也是出色完成调研任务的关键。

“纸上得来终觉浅，绝知此事要躬行”。调研使我们找到了理论与实践的最佳结合点。尤其是我们学生，只重视理论学习，忽视实践环节，很可能在实际问题的解决上“闭门造车”。假期调研等方式，能提高自己的能力，为将来步入社会打下良好的基础。最后，感谢苏区振兴研究院给我们提供这次学习机会！

调研心得工作生活篇 + 美食篇

祁　娟[①]

一、工作生活篇

调研的第三天，我跟随调研团来到了赣州红都瑞金，行程至此，

① 江西师范大学马克思主义学院、苏区振兴研究院硕士研究生。

心里也有了一些感触和体会想和大家分享。

其实来之前真的设想了很多调研过程中可能会遇到的困难，比如说调研对象不予配合、问卷漏拿漏放等问题，还有我个人需要克服的晕车、容易感冒等问题。但是这三天看来，这些事情似乎都很容易解决和克服。非常感谢大家的关怀照顾和体谅理解，这也让我觉得自己融入了这个温暖的集体。

回酒店之后我就回想为什么这几天进行得这么顺利。原来，大家都在潜意识里相互配合协调。要想效率更高，就要考虑更多，该记录的联系方式及时记录，该索要的资料提前告知准备，给对方一些缓冲时间。这些都是我学到的宝贵经验。

二、美食篇

当然，除了这些调研工作上的感悟，还有一些美食想和大家分享。

作为一个湖北人，来到赣南苏区十八县的机会实属难得。“民以食为天”，用宁都县曾县长的话说就是“一谈到吃大家都开心，美食也是一种文化的体现”。所以接下来给大家介绍三种我个人认为值得一尝的美食。

（1）宁都肉丸。采用猪臀肉制作而成，现在机器技术非常先进，但是宁都人还是喜欢用手工墩肉来制作。宁都肉丸讲求精致，是客家人过年必备的一道菜品，寓意团团圆圆、幸福美满。

（2）石城香煎黄元米果。采用精选糯米制作而成，是赣南客家人十分喜爱的食品和送礼待客的上等佳品。香煎裹糖，酥脆甜美。

（3）瑞金牛肉汤。牛肉汤是瑞金的传统特色名吃，它最大的特点是牛肉汤刚端上来的时候是不加佐料的，汤鲜肉嫩口感佳。瑞金也有一句话，叫“没有吃过辣的牛肉汤，就不算吃过瑞金的牛肉汤”。所以大家如果去瑞金吃牛肉汤一定要记得放点辣哦！

以上就是所有想要和大家分享的了，希望这一路随调研团走下去，我能从各个方面更加深入地了解赣南，同时在调研能力上也有质的提升，跟随老师和学长、学姐一路成长，不枉此行。

身体和灵魂总有一个在路上

黄家海[①]

2019年1月15日星期二中午最后一场考试结束后，我怀着激动与紧张的心情与小组成员踏上了赴赣州调研的路程。这次寒假的赣州调研是我人生第一次调研，第一次踏上赣州这片土地，对我来说就是一场全新的学习之旅。“身体和灵魂总有一个在路上”，而我们学习与探索的脚步也永远在路上。

在调研前我们做了大量的前期工作，每周的例会、对口资料的收集、论文的撰写、问卷及访谈提纲的设计等工作为调研工作做好了铺垫、夯实了基础。我们按照进度有条不紊地进行着工作安排，我们突破一个个实质性的问题，提出一个个具备可行性的改进方法，规划一个个切实可行的行动方案，这些都离不开学长、学姐以及刘老师的严格要求与科学指导，作为参与者之一的我在其中受益颇多。

调研是我们撰写课题报告过程中极为重要的一环，理论研究的科学性与严密性需要通过付诸实践来佐证，“实践是检验真理的唯一标准”。在瑞金调研的这两天行程中，我们参观了事业单位、项目工程、对口支援村子、特色景区等地，进一步了解了瑞金的发展面貌以及前景规划。在叶坪乡朱坊村的调研中，我们深入当地困难群众，收回了参考价值较高的问卷以及进行了群众访谈。在瑞金市人民政府的调研中，与市振兴办进行了深度访谈，并带回了一定数量的必要资料，有利于后期数据资料的整理与分析。在调研过程中特别是驻扎在瑞金时，我也遇到了一些

① 江西师范大学商学院本科生。

困难，有很多事情是我一人无法完成的，但是在老师和学长、学姐的带领下，我和团队攻克了面临的难题。感谢团队给予我的帮助，相信在学长、学姐的倾力帮助下，今后我会有更出色的表现。

学海无边，知识无涯，在调研过程中值得我们学习的地方有太多。对于我们来说，多听多写多看，勤思勤学勤做是尤为重要的。感谢苏区振兴研究院给予我这次调研机会，为我积累了一些特殊又宝贵的经验。

灵魂在路上——行走在赣南

林娟娟[①]

一、所见所闻

一路风尘，千般感叹。今天结束了赣南调研之行的第五站。从南昌出发，一路南下，历经五个半小时到达我们行程的首站——宁都，接下来是石城、瑞金、会昌、寻乌。每天去一个县，上午到企业参观学习，下午访谈合作社、听座谈会，吃完晚饭就立即坐上我们的中巴奔赴下一站，刚开始的一两天还不太适应这种节奏，但是调研到后来觉得这也是一次非常难得的经历，正好可以把握机会，多学习课堂理论以外的东西。有时候学习可以耳濡目染，然而更多的则需要亲身经历。

一方水土养一方人，在这一片红色的热土上，每个地方的人文自然都显得那么和谐，当然，各个地方也存在差异性。宁都的翠微峰、石城的通天寨都是大自然的鬼斧神工。宁都的肉丸、石城的莲子、瑞金的牛肉汤、会昌的米粉、寻乌的蜜橘，不愧是舌尖上的赣南。

---

① 江西师范大学商学院硕士研究生。

二、所思所感

不选择出发，就到不了远方；不选择行走，就感受不到生活的千般滋味。记得出发前刘老师说的一句话，“我们走出去就代表了江西师范大学的形象，你们要少说多看多听多学。”这句话确确实实值得我们思考，话虽简单，却教会我们为人处世的谦恭态度。由此想起一直以来我个人非常认同的一句话：“当才华撑不起梦想，那就静下心来学习。”这句话与刘老师的教诲不谋而合。在与当地政府官员、企业家、合作社社长的交流过程中，我深刻感受到他们对苏区振兴、赣南发展的迫切需求和密切关注，每个人都有自己的角色，承担着自己的责任。

三、初心不忘，少年强，则国强

我们要好好把握学习的机会，利用好可获取的学习资源，建设自我以实现自己的价值。不忘初心，方得始终；初心易守，始终难得。都说万事开头难，然而开头以后也不见得容易，最难得的还是善始善终。“身体和灵魂，必须有一个在路上”，行走在美丽迷人的赣南，感受一次难忘的灵魂之旅。感谢此行有你们！

君自多感悟，灵魂在高处

张　琪[①]

不知不觉，在赣南调研已经六天了，相比以前在教室和书本里学习和获取的知识，这六天里我所接触的知识是前所未有的。说来惭愧，

① 江西师范大学商学院硕士研究生。

这是我第一次出来调研，刘老师在出发前的调研组会议里，将此次调研的目的明确地告诉了我们。对于能参与此次调研我觉得十分荣幸，调研中我亲身感受到赣南苏区的变化。看到我在书本、论文里所读到的东西立体地呈现在眼前，真令人开心激动。在精心和充分的策划准备下，我们一行人从南昌出发，开始了这趟红色调研之旅。

感悟一——发展和变化。虽然这是我第一次来到赣南苏区调研，但是一连串的统计数据对比，一系列的工作发展总结，一大波调研点的实际情况考察，都让我看到、听到、感受到赣南苏区这些年的发展和变化。“眼见为实”，在书本里看到的客观描述远不如现实所见来得真实。尤其是今天樟溪村调研点所展示的村貌前后对比，不得不让人感叹赣南苏区发展和变化所焕发的生机和活力。

感悟二——吃苦和奋斗。改变贫穷落后无疑是要付出很多努力的，在每个调研点相关政府工作人员和负责人在给我们小组进行展示和介绍成果时，言语间都是自豪的，因为“从无到有，从有到优”他们做到了，可是在谈起发展经过时，其中的艰辛和汗水在寥寥几句一带而过的话里可见一斑。可以说，赣南苏区发展的宏伟画卷的底色就是赣南全体人民的吃苦奋斗精神，向他们致敬，向他们学习！

感悟三——学习和前进。在这六天的调研里，高科技现代农业、智能化工业制造和大数据服务业管理给我留下了深刻的印象。原来在网络媒体上看到的时候觉得无关痛痒，在现实真正看到才感受到了现代科技发展进步的速度，尤其是在访谈之后，一种“我是不是落后了”的恐慌油然而生。在校园里待太久，很多新生事物不能及时感触，此次调研与其说是“调研之旅”，不如说是“学习之旅”。只有不断学习，才能与当今时代的发展脚步并行，前进的动力才不会枯竭，赣南苏区的前进之路也离不开对先进技术做法的学习，这更加鼓舞我好好学习，砥砺前进！

记得在调研过程中小伙伴跟我说“看到赣南苏区那么好的发展，真是产生了回去建设家乡的冲动”。由此可见，这次调研给我们每一个人都带来了很大的触动。非常感谢在这次调研中引导和帮助我们的每一位工作人员，最后，感谢苏区振兴研究院给予我这次宝贵的调研机会，这将是我过得很有意义的一个寒假。

走进赣南苏区，开启学习之旅

游　城[①]

2019 年寒假，在苏区振兴研究院的组织下，我有幸成为了寒假调研小组中的一员，再次走进赣南苏区这片红土地，开启了为期半个月的学习之旅。

由于前期充分准备，团队明确分工，大家通力合作，各县热情接待，调研活动开展得有条不紊。每天的行程安排非常紧凑，上午实地调研，参观工业园区、龙头企业；下午县委组织座谈会。老师带领我们实地调研，收集面上的数据；同学分小组分头行动，走谈合作社，访谈企业家，收集点上的数据，点面结合，高效率运转，每天都十分充实。

一、调研之行，内容充实

调研不仅是一个长见识的过程，更是一个长知识的过程。每天转战下一个县城的路途就是我们移动的教学课堂。与学校课堂理论教学不同的是，我们的移动教学课程是实际案例解析式教学。每到一个县，老师都会将一个个实际企业案例与理论相结合，深入浅出地给我们解析企业现象背后蕴含的经济学、管理学原理，并分析其存在的问题与具备的优势。在调研过程中，遇到值得研究的问题，老师就会安排指

① 江西师范大学商学院硕士研究生。

定的人去对接联系相关部门和人员，并要求我们做深入研究，写成调研报告和论文。就这样车上的无聊时光变成了一堂堂让人听了津津有味的实践课。

二、学习之旅，收获良多

当然，除了理论知识学习，通过这次调研，我个人还学到了很多课堂之外的东西，比如言谈举止、礼貌礼仪、餐桌文化、沟通交流等各方面的社会知识，而这些是我们待在校园里接触不到的领域。我们大部分的时间在路上，所以大家基本都待在一起，老师们除了进行移动教学之外，还分享了一些他们之前求学、访学和工作期间的经历和见闻，涵盖各方各面，充满趣味也富含宝贵经验。

三、赣南之行，温情满满

再次踏上赣南苏区这片红土地，我们受到了当地县委等各个部门的热情接待，他们不辞辛苦地带领我们前往实地调研。访谈过程中，我们深入到各个合作社进行实地调研，负责人抽空接待我们，带领我们参观基地，耐心接受我们的访谈，十分配合我们的工作，我深切感受到了客家人的热情好客，民风淳朴。

四、学习之余，乐趣横生

虽然调研活动行程紧，一天一个县，甚至一天两个县，辗转各地，甚为辛苦，但是其间还是有很多乐趣横生的事。在舒适惬意的全南小县城，我们师生一行人饭后散步逛解放桥，边走边聊，讨论着轻松的话题和有趣的见闻，欢声笑语不断，这便是调研中简简单单的乐趣。

最后，十分感谢苏区振兴研究院给我这次寒假调研的机会，感恩老师们的指导、团队同学的帮助以及苏区人民的热情接待，同时我也非常幸运能在分工合作过程中遇到志同道合的小伙伴。希望赣南苏区发展得越来越好，祝愿接下来的调研活动顺利完成。

一直在路上就会遇到更好的自己

曾令铭[①]

一、一直在路上，步履不停

非常有幸能够参加这次苏区振兴研究院组织的调研活动，这次调研行程被安排得充实至极，全程要走遍赣南 18 个县（市、区）。2019 年 1 月 13 日从南昌拖着一箱子的乡愁一路南下，辗转于赣南各个县（市、区）。作为在红土地上长大的赣南客家人，从踏入赣南大地开始，一切都变得如此的熟悉。披星戴月走过的路，累并快乐着的行程，赣南不仅是捂在心中简单的粗线条地图，不仅是口中的“红色文化、苏区精神”，它在我的理解里也变得愈加丰满。调研旅途的时间总是和辗转于各县的巴士一样跑得飞快，步履从未停歇。

二、一直在路上，一路收获

不登山，不知山高；不涉水，不晓水深；不赏奇迹，怎知其绝妙。最美的风景一定是在路上，调研的旅途不只是双脚在路上的奔波，也是一场收获满满的旅途，更是一场心灵的修行。

---

① 江西师范大学商学院、江西经济发展研究院硕士研究生。

调研的一路，不仅品尝到了舌尖上的宁都肉丸、会昌米粉、全南酸酒鸭等美食，也领略到了石城通天寨、龙南的客家围屋、全南的千年雅溪等美景。当然，这次调研活动更多的是一场学习之旅，这一路走来，收获到了很多书本以外的知识。调研之初，一边带着老师交代的任务，一边也感受着赣南苏区振兴发展的变化。这次调研确实让我亲身感受到了赣南发展的巨大变化。美丽乡村、现代化农业、兢兢业业的领导干部……已经成为了赣南发展的一张张新名片。这次调研活动让我真真切切地从书本走到实践，尤其是通过亲身的实地考察和访谈，不仅了解到了赣南发展过程中新型农业经营主体、村干部、企业家们的一些成功经验、特色做法以及实际遇到的困难，以及苏区人民在苏区振兴发展中受到的政策红利，也真真切切地体验到"苏区精神"在普通老百姓、领导干部和企业家之间的传播，以及他们为苏区振兴发展所做的点滴努力。同时在一次次的访谈中，我学习到了更多的访谈技巧，并且提高了交际能力。这次调研是一次从理论到实践的有益尝试。特别感谢苏区振兴研究院给我的这次难得的调研机会和老师们一路的指导。"三人行，必有我师"，与一群可爱的师弟、师妹同行，一路的陪伴便是一路的快乐，一路的收获。

三、一直在路上，不忘初心

生活不止眼前的苟且，还有诗和远方。幸福都是奋斗出来的，只有不忘初心、牢记使命、永远奋斗，才能拼出一幅美丽蓝图。调研之行，也是学习之旅。通过这次学习之旅，让我对未来充满了憧憬。也慢慢明白了朱自清那般"从此我不再仰脸看青天，不再低头看白水，只谨慎着我双双的脚步，我要一步一步踏在泥土上，打上深深的脚印"的心境。"临渊慕鱼，不如退而结网"。人生路漫漫，要脚踏实地走好人生的每一步，不驰于空想，不骛于虚声，而惟以求真的态度做踏实的工夫。

最后，再次感谢苏区振兴研究院给我这次难得的学习和实践机会。

感恩奋进，砥砺前行

贾泽民[①]

经历是一笔宝贵的财富。我很庆幸有这次调研的机会，走进赣南苏区、深入基层、了解群众。在调研瑞金叶坪乡黄沙村的过程中，我们访谈了该村一家农村合作社的理事长和几位村民，给我印象最深的就是相关政策出台以来，政府的工作使农村的基础设施建设更上一层楼，帮扶机制更加完善，越来越多的村民更愿意回到自己的家乡进行务工、创业，真正实现了从“输血”到“造血”的转变，实现了农村的振兴发展。

调研中也从村委书记那里了解到其任职以来所面临的种种困难和转变，从挨家挨户敲门请来开会到后来村民积极参会，从语言不通到后来可以顺畅交流等。一步一个脚印地去做，方法总比困难多，基层工作人员真正践行了那句“以青春和激情投身农村建设，实现青春生命价值”。他们身上这种舍小家顾大家的精神，不由得让我肃然起敬。

在访谈国家部委挂职干部的过程中，也让我对赣南苏区的发展和自己肩上的使命有了明确的认识，更进一步激发了我的学习热情。我将以新的心态更加努力地学好科学文化知识，调整和完善自己的知识结构，锻炼自己战胜困难的意志和毅力，为适应以后的工作做必要的准备。

在这短短十天里，每一个细节都让我难以忘怀，也让我深深感受到了苏区振兴的发展带来的变化。

感恩奋进，砥砺前行。感谢苏区振兴研究院给予的宝贵机会，感谢刘老师以及学长、学姐的指导和包容，我会怀着感恩的心，不断前

---

① 江西师范大学商学院本科生。

行，在实践中收获成长，在实践中发挥自己的才能，在实践中锻炼自己，在实践中肯定自身的价值，在实践中认识自身的不足。我相信这次调研是我的人生旅途中重要的一课，也是我人生中一笔宝贵的财富。

试玉要烧三日满，辨材须待七年期

曾如意[①]

在紧张的考试结束后，我与同伴就风风火火地开始了我们的赣南之旅。一路上，我们都在不断地去接受新的事物，汲取新的思想，开拓新的视野，收获的不仅仅是与老师同伴的情谊，更多的还是那来自赣南老区、红色土地对我精神上的深深震撼。以下是我对这次调研的感悟。

一、单丝不成线，独木不成林

跟着老师和同伴们一起在外面“漂”了几天，说实在的，开始心里是有点抗拒的，因为我觉得自己完不成这件事，调研的事情很多也很重要，生怕自己会成为团队里的“拖油瓶”，加上自己胆子小，所以特别担心会出问题。不过来了之后发现，自己是处在一个团队里的，你不会的、不熟悉的，都会有人来教你如何去做好这个事情，在这里我深深地体会到了每个人都是团队的核心人物，少了谁都是不完善的。孙权曾说“能用众力，则无敌于天下矣；能用众智，则无畏于圣人矣”。的确，一个凝聚一心的团队还有什么是干不成的呢？在这里，真的要感谢一起同行的伙伴，因为如果没有你们的协作与鼓励，我们的调研是很难完成的，我也会畏缩不前成为一

① 江西师范大学商学院本科生。

个不起眼的看客，参与不到其中，更别说要学习到什么。

二、从课本到实践，一直都在学习

俗话说“纸上得来终觉浅，绝知此事要躬行”。身为一个赣南人，但说来也惭愧，没有早点走遍这些地方。我走过的会昌、瑞金、寻乌，每一站都向我展示着它们特有的文化底蕴。一路走来，行程可以说是很紧凑的，大体是上午实地参观工业园区、龙头企业一类，下午县委组织座谈会。基本上是老师带我们参观学习，然后我们自己内部分组去访谈企业家、群众、国家部委，做到老师说的点面结合、全面展开、高效行动。正因为有了这些具体的实践，所以有时候老师讲到那些原理时，可以很快领会，大概这就是把理论和实践相结合吧！一些我之前没有接触到的知识，也让我学习到了很多。像在餐桌上我们应该要保持何种的姿态；在与上级沟通时，我们该采取怎样的沟通策略；等等。如果没有这次调研，或许我还要再等几年才能体会到。在调研路上，美景、美食、美人都让我陶醉其中。美食这块就不多说啦！宁都肉丸、会昌米粉等，相信都已经进入到各位的心仪美食名单了。重点就讲讲景和人吧！宁都的小布镇、瑞金的美丽乡村建设、寻乌的山水林田湖草和废旧矿山改造等都让我们看到了，在《若干意见》下达后，赣南苏区真的都发生了翻天覆地的变化。这些地方在当地政府的领导下，正在慢慢改变它们贫穷落后的面貌，成为拿得出手的红色名片。在走访中，我们看到了每个地方的领导干部的特色做法，具体问题具体分析地解决矛盾；看到了行业优秀的领军者如何带领大家一起致富；看到了普通百姓因为政策红利带来的效益的笑脸……一路上，满满都是收获。

三、不忘初心，砥砺前行

初心，这个词是美好的，但是我们要真正做到不忘初心，是必须要下点功夫的。不乱于心，不困于情，不畏将来，不念过往。生活远没有我们想的那么复杂，但是我们也不可太过于小瞧了它。自己真正想要的东西，不要忘记自己当初为何想要，也不要后悔当初的选择，既然选择了远方，风雨兼程便好。调研过程中虽然累了点，但是对于我来说，新奇和对新知识的渴望远远大于辛苦的感受。

最后，感谢苏区振兴研究院给了我这次调研的机会，让我遇到了如此可爱的学长、学姐还有睿智的老师，这是莫大的幸运！

不虚此行，言之不尽

熊剑彪[①]

非常庆幸能够参加这次江西师范大学苏区振兴研究院的调研活动。说来惭愧，这是我人生中第一次调研，感触至深，收获极大。

收获其一：感变化，增阅历

调研期间，真实地体验到了赣南在政府大力扶贫和对口支援下的快速发展和巨大变化，以及深切地体会到了党和政府对赣南苏区的极大关怀。这些体会都是通过跟随刘老师一行参观赣南各县的典型企业和产业园收获到的，有的县电商扶贫，有的县发展特色生态旅游，还有的县发展特色生态农业等。这让我眼界大开，拓展了知识面。

在调研之后，我也切实感受到自己的阅历不够，眼界不宽，思想理念停留在较低的水平。所以我特别感谢老师给我这个调研机会，也特别珍惜这次历练。

① 江西师范大学商学院本科生。

收获其二：促交流，练胆识

在调研中要做好问卷收集和访谈工作，而这些工作需要有一定的交流艺术，这样才能更好地获取有效的信息。给领导做访谈时，从刚开始的拘谨，到如今可以更加自然地与他们交流，向他们汲取经验。当然，给群众做问卷和访谈的时候，也需要很好的交流和沟通方式，增进受访群众对我们的信任感，促进我们的工作顺利进行。

最后还是很感谢老师一路上给我提供的宝贵经验和正确引导，也特别感谢学长、学姐一路上对我的帮助和支持。

以下是我调研期间的作品：

赣南随行调研

晨起夜销赴调研，随行竖耳记千言。
纸上功夫终是浅，调查走访才全面。
扶贫致富八方力，对口支援惠赣南。
此去赣南增阅历，如能再至不觉繁。

诗情画意调研行

龚苡慧 ①

一、诗——苏区诗歌永传唱

行程很满，时间也似乎过得飞快，为期半月的赣南苏区调研，已至第十二天。这次调研路线覆盖赣州 20 个县（市、区），我终于

① 江西师范大学马克思主义学院、苏区振兴研究院硕士研究生。

有机会把脚印毫不吝啬地留在这片红土地上。纷乱之年，先辈们一步一革命，换来今天的繁华锦世、和平年代，我们一步一镌刻，重新聆听苏区诗歌，印记永不褪色的红色精神。

二、情——一人一物总关情

行走在赣南土地上，一路和风暖阳。昨天的耀眼革命，并未给老区人民留下傲气，打动我们的，依旧是张张心醇气和的笑脸。回想起一次与合作社高龄奶奶的握手，我虽是外人，语言不通，但她手中厚重的温暖，眼里闪着的希望让我们感动。走过必留下痕迹，一个人的脚印，不免单调，因为团队，此行更有意义。一路上，三位老师（刘善庆老师、张宇华老师、杨鑫老师），学长、学姐、学弟、学妹以及熊师傅，每一个人都如此可爱，苏区振兴研究院为我们修得如此缘分，能同吃、同住、同行、同成长。

三、画——赣山赣水美如画

“绿水青山就是金山银山”，调研期间，我们领略了赣南山水，水绕青山山绕水，山浮绿水水浮山，赣南在山水中孕育、发展，赣江水的圈圈涟漪映出赣南巨变。

四、意——厚积薄发抒胸臆

调研之意有二，一为厚积，走的每一步，看的每一眼，听的每一句，都是学习积累的过程；二为寻源，每一天，耳边总会响起刘老师的那句话：“坐在办公室怎么想得出来呢？”的确，寻水须寻其源，在行走中深化知识，寻找源泉，是调研不变的初衷。

“做”“学”“思”

曹伟彬[①]

调研之行，身体力行，是身体之行，也是思想之旅。所见所闻，引发所思所想，意义非凡。

一、“学”中“做”

此次调研，是我第一次参与的大型调研活动。对于我来说，如何将调研事项顺利完成是我即将要面对的一项任务，也是一次考验。面对这一陌生的试卷，我们的团队有条不紊地进行着调研前的准备，问卷的设计、提纲的设计、县情的了解等，不厌其烦地进行一项项调整、设计。老师的答疑解惑、学姐的督促、团队成员的互相合作，缓解了调研前的紧张。其间虽有不知，边学边做，学以致用，调研之行才得以开启。

二、“做”中“学”

深入苏区，了解赣南十八县的发展情形，感受苏区变化，领略苏区精神，是一次机会难逢的学习盛宴。从首站宁都，到末站兴国，时间紧迫，行程满满，收获满满。从县城走进乡村、企业，从工业区走进农业区、旅游区，感受各县发展特色。从发放问卷到人物访谈，从实地调研到座谈交流，每一次都是学习的机会。“纸上得来终觉浅，

---

① 江西师范大学商学院本科生。

绝知此事要躬行”。每一次调研，每一次交流，所见所闻，增加自身阅历的同时，也方知知识无限，学无止境。

三、“做”而“思”

时间过得飞快，调研也逐渐进入尾声。此次调研，我们的脚步遍布赣南 18 个县。我从中感受到了对口支援以来，赣南苏区变化之大，感受到了苏区发展的亮点。每一次调研，每一次体会，引发了每一次思考，思人思物思发展。苏区需要发展，人才也要努力，从我做起，努力奋进。在调研期间，虽有劳累，但有老师同学的陪伴，依旧充满乐趣。最后，感谢苏区振兴研究院，感谢老师与同学的陪伴，感谢此次调研之行。

雄关漫道真如铁，而今迈步从头越

黄　亮①

时光飞逝，不知不觉此次调研之旅已接近尾声。非常感谢苏区振兴研究院能给我这个机会，让我能近距离感知赣南苏区的振兴发展，接受苏区精神的洗礼。更感恩老师的教诲，学长、学姐的指导和同学们的关心，让我能在工作、学习和生活各方面迅速成长。一路调研，一路学习，一路收获。

一、工作：实践长才干，艰辛知人生

提前做好的精细安排保证了调研工作的高效进行，在十五天内我们

① 江西师范大学商学院本科生。

走遍了赣州 20 个县（市、区）。一路走来，我们了解了不断刷新的赣州速度。寻乌的广寻现代物流园，这座省内领先的县级现代化智慧物流园区，2017 年底开工建设，2018 年底就已全面运营。信丰则充分发挥“晴天大干、雨天巧干、晚上挑灯干”的攻坚精神，合力泰科技园历经 155 天奋战，实现一期项目投产。这些都仅是苏区干部工作的冰山一角。他们牢记苏区精神，充分发挥他们的聪明才智，一心一意为人民群众谋发展。这也启发我们在日常的工作和学习当中，不仅要态度端正，认真严谨，更要具有创新意识，理论与实践相结合，开拓工作的新局面。

二、学习：学如才识，不日进，则日退

调研之旅就是学习之旅。前期的准备工作，我们学会资料收集和信息整理。调研更是见世面的过程。在老师和国家部委干部的交流中，感受他们的宏观布局和战略眼光。挂职干部们结合当地的丰富资源和区位优势，推动赣州港、南康家具城、中国稀金谷等一大批国家级项目快速落地。寻乌政府在废弃矿山综合治理与生态修复工程中积极探索，在生态修复的同时，“生态 + 工业”“生态 + 旅游”“生态 + 科技”等一系列模式为环境治理提供了优秀模板，是体现习近平总书记“绿水青山就是金山银山”理念的典型案例。樟溪村基层干部为老人们提供了工作和休闲的场所，让他们感觉到自己的价值，活得更有尊严，幸福感倍增。通过此次调研，我们见到了太多课本上没有提到的理论知识和实践经验，视觉和心灵都得到了极大的满足。

三、生活：有理想的人，生活总是火热

调研行程虽然安排紧凑，但沿途都是美景。每一站的美食更令人期待。见识了赣南脐橙、寻乌蜜橘、南康甜柚等水果，更品尝了四星望月、安远三鲜粉、赣县板鸭等特色美食。一路上，面对我们的各类

问题，老师都耐心地一一解答，还不断提醒我们工作中要注意的细节，更通过言传身教告诉我们许多人生哲理。学长、学姐在日常工作中传授他们的经验。同学之间分工明确，互帮互助。和谐融洽的氛围，让整个调研的旅途充满欢声笑语。

调研工作即将结束，我的内心却十分不舍。此次调研对我来说意义非凡。我不仅见识到了赣南苏区蓬勃发展的景象，更切实感受到了“坚定信念、求真务实、一心为民、清正廉洁、艰苦奋斗、争创一流、无私奉献”的苏区精神，学习了知识，增长了才干，更见识了世面。老师的教诲和积累的友谊更是我一辈子的财富。再次感谢苏区振兴研究院这个平台。也期待有更多小伙伴加入这个大家庭！

吉安调研之旅随笔

沈 娟①

暑假时我又跟随调研组踏上了学习之旅。为什么说“又”呢？因为我已经跟随调研组参加过好几次比较大型的调研活动了。我所在的学院，江西师范大学苏区振兴研究院，崇尚调研，给学生提供了很多外出调研的机会，所以作为苏院的一名学生，时不时就能去外面调研，学习课堂之外的知识。也有同学问我：“你们天天搞这些调研有什么用呢？”我突然意识到，在生活中，“这有什么用呢？”似乎已经成了人们的口头禅，无论做什么事情，人们总是喜欢先问“有用”“无用”,“有用”指的是取得立竿见影式的成果。久而久之，就养成了一种习惯：于我有用者，亲之；于我无用者，弃之。而且这样的舍弃被认为是理所当然。

① 江西师范大学马克思主义学院、苏区振兴研究院硕士研究生。

我认为调研是一项耗时耗力但非常重要的工作，绝对不能用简单的“有用”和“无用”来决定你做不做这项工作。就以我的亲身经历来举例吧，上一次去赣南调研，我准备工作做得不足，查找的相关资料不全面，所以在调研的过程中对调研的主题不能做到完全深入的理解，导致调研工作事倍功半。这样看来，我的赣南调研之旅似乎是“无用的”，因为我没有取得立竿见影式的成果。但是只有我自己知道，赣南之行不仅让我认识到调研应该拥有问题意识，也让我更深刻地感受到调研的重要性。

因此，此次在赴吉安调研之前，我查阅了许多与调研主题相关的资料，提出了一些自己的想法。调研必须要有问题意识，用“发现问题、解决问题”的思路从各方面调查了解真实情况。比如对口支援的调研，我会有意识地不仅看当地的先进经验和工作亮点，还着重看其存在的难点和薄弱点，因为好的方面要看，差的方面也要看，不能光看到“优美盆景”、“材料”经验、“展板”经验，就妄下定论，觉得这个地方已经发展得很好了，最重要的是看实效。而了解发展实效的最有效方法就是深入调研。

调查研究是谋事之基、成事之道。没有调查，就没有发言权，更没有决策权。这充分体现了调研的重要性。就像制定政策如果不进行全面深入的调研，就是纸上谈兵、闭门造车，就极有可能会出现“拍脑袋”工程，造成国家资源、人力的浪费，甚至因为一个错误的决定，制约了一个地方的发展。

如今开展调研工作的环境和条件日趋完善，我们可以通过媒体等各种方式了解到很多信息，但深入实地调研的精神始终是一笔宝贵的财富。吉安调研之旅仍在进行中，我会继续学习，深入贯彻调研精神，把调研精神内化于心、外化于行。

行程万里，不忘初心

刘梦怡[①]

2019 年 7 月 13 日，我来到井冈山，这是我第一次踏足井冈山，踏足这片星火燎原的土地。井冈山是中国革命的摇篮。

上午我们冒着连绵大雨来到了松柏叠翠的井冈山烈士陵园，瞻仰革命先烈的风范。顺阶而上，第一组有 49 级，象征着 1949 年中华人民共和国的成立。

走进纪念堂的瞻仰大厅，正面白玉墙上嵌刻着毛泽东 1946 年为烈士们题写的“死难烈士万岁”六个大字，我们庄严地为革命先烈献上花圈、鞠躬致敬，默哀悼念。

瞻仰大厅左侧是参加过井冈山斗争的领导人挂像，其中包括开创井冈山革命根据地的主要领导人毛泽东、朱德、彭德怀、陈毅等。右侧陈列室陈列的则是中华人民共和国成立前牺牲的革命先烈的照片，他们都是在井冈山斗争的无产阶级革命者，牺牲时平均年龄在 30 岁左右，在这最好的花样年华，他们为革命献出了生命。有的烈士照片是本人的历史照片，有的是根据他们的亲属和战友的回忆画下来的，还有的烈士无法征集到照片，因此就用党旗和青松代替。

二楼是吊唁大厅，四周墙面嵌刻的是井冈山斗争时期壮烈牺牲的烈士名录，有些还能知晓姓名，有些姓名无法考证就用当时的外号替代。而那些在井冈山斗争中为革命牺牲而没有留下姓名的革命烈士，一块无字碑就是对他们的深切怀念。

随后，我们怀着崇敬的心情来到井冈山革命博物馆参观。在革命

① 江西师范大学马克思主义学院、苏区振兴研究院硕士研究生。

博物馆，我们仿佛亲眼看见井冈山革命的整个过程，在参观中我感受到了一次又一次来自心灵的震撼。多年前在这绵亘五百多里的巍巍井冈山，老一辈无产阶级革命家在这里以惊人的毅力，克服重重困难，自力更生，百折不挠，建立了第一个红色根据地，开创了中国革命新的篇章。看着眼前呈现的一张张真实图片，一件件历史实物，时光流转间我仿佛又回到那个硝烟弥漫的革命岁月，眼前仿佛看到井冈山革命先烈在炮火中英勇战斗，看到八角楼的点点灯光，不由得敬仰革命年代的先辈们的坚定信念。革命的星星之火燎原至祖国大地，无数的革命先驱者，用生命换来了最终的胜利，换来了今天的幸福生活。这是初心，是革命先烈牺牲自己才换来我们如今美好的生活。

下午，我们来到了井冈山茅坪乡神山村，并且观看了这几年来神山村变化发展的影像资料。此时的我们不禁感慨，短短的三年时间，神山村竟发生了如此巨大的变化，环顾四周，屋舍俨然，楼宇之间，处处干净整洁，景色宜人。这几年不仅沥青马路修到了村里，黄桃、茶叶和旅游产业也蓬勃发展。处处可见农户家摆出自家的山珍出售给游客，还有农家乐体验处，在那里不仅能品尝神山村的特色菜，还能亲手在石臼里打糍粑。

从吉安市“巍巍城郭阔，庐陵半苏州”的庐陵文化；到吉安县“横有卧盏，纵有牵越”的吉州窑木叶天目盏；到泰和县的电子信息工业引领发展；到万安县沟通江西电力南北交换的万安水电站；到遂川县“登高凌空虚，壮压泉江泽”的遂川红塔；再到今天的井冈山。这一路走来，我们看见原中央苏区发生了翻天覆地的变化，看见经济建设社会发展事业走向了新阶段，看见了自《若干意见》实施以来老区人们的获得感和幸福感。2012 年 11 月 15 日，习近平总书记强调，人民对美好生活的向往就是我们的奋斗目标。这是初心，“不忘初心”是共产党人不忘为人民美好生活奋斗的初心；“不忘初心”是共产党人不忘革命先烈英勇奋斗的初心；“不忘初心”是共产党人不忘全国人民的期望与信任的初心。

行程万里，不忘初心。这是铭记历史责任的新担当。

历史已故去，来者需珍惜

林娟娟[①]

继寒假的赣州调研之后，此次吉安之行是第二次大规模的集体调研行动，此次行程我已轻车熟路，但是每到一个地方还是会有一些不同的惊喜与收获。

在第一次调研之前，我感觉苏区是个比较遥远的词，对于它的涵盖范围也不是十分清楚。然而，在一次次的调研，一次次的走进之后，我对“苏区”多了几分了解和感触，苏区好似羞怯的女子，只有靠近她，才有机会揭开她的面纱，一睹芳容。

青砖黛瓦，树影婆娑。高墙横亘，旧迹斑驳。越是古老的痕迹，就越容易让人宁静，让人在冰冷的城市高楼屋宇之外，感知到最有温度的历史。

什么是历史？历史就是甘愿牺牲与故去。来者纷纷踏于其上，也不曾将前者遗忘。不忘历史，才能无愧于心地前行。因为懂得，所以感恩。

调研的过程，除了对当地的发展状况和风土人情有一定的了解外，我也感受到一种别样的生活方式，也许这就是“世界那么大，我要去看看”的真正意义，走出自己的生活圈子，去聆听别人的故事，了解的越多，能够理解容纳的越多，胸怀就越开阔。回头看看，自己的生活也许根本不算糟糕。

冒雨拾级而上前往井冈山烈士陵园献花圈，大雨滂沱，人群熙攘，气氛沉重，庄严肃穆。总算，我来了，在这样一个湿漉漉的雨天，台

① 江西师范大学商学院硕士研究生。

阶被冲刷得一尘不染，青苔厚重依旧，两侧柏树傲然挺立。想到革命先烈们忠贞圣洁的灵魂，坚韧不屈的节气，敬仰之意瞬间漫上心头。

最深有感触的是游览井冈山博物馆，三层楼的展馆，写不完的历史故事，道不尽的热血青春。看着烈士陈列墙上一张张英年早逝的烈士照片，二十多岁的年纪，用生命保家卫国，一张张清晰度不高的黑白照片，镌刻着他们的音容笑貌，还有一部分烈士连影像都未留存。而今，盛世太平，相机、手机的像素越来越高，我们可以留下越来越多精致美丽的照片，处在与他们同样的年纪。

我们应该更加珍惜，更加懂得感恩，感恩所知、所得、所遇，并回报以一份光和热。岁月漫长，人生短暂，但是就像胡适说的“怕什么真理无穷，进一寸有一寸的欢喜”，尽力去发光就好。

接地气方能更有底气

周　琪①

“知屋漏者在宇下，知政失者在朝野”。生活在大学象牙塔的我们，绝大部分时间都在做理论研究，很少有机会走出去，而这次大规模的调研就是一个很好的机会。虽然之前自己也参加过多次调研，但都是“单打独斗”，没有成熟的团队，感触也就没有这次深刻。在这次的调研中，团队里的小伙伴互相帮助，取长补短，特别是我们发现问题后还能向老师及时请教，让老师们给我们答疑解惑，所以调研能取得更好的效果。在此要感谢学院提供这样一个平台让我们能深入到实地进行锻炼和学习，掌握一手资料，让我们更有底气地进行深入的学术研究。此次调研主要在吉安市的各个县、市、区进行，每个县、市、区

① 江西师范大学马克思主义学院、苏区振兴研究院硕士研究生。

的情况既有共性又有个性，是很好的研究对象，而我印象最深刻的是在万安、井冈山和安福的调研。

我们第四站到达万安县，进入万安的第一感觉是空气特别清新。人们都很热情，在与万安县挂职干部汤书记的访谈中就让人深有体会。与他们访谈之后发现，他们做事非常认真、踏实。最让我敬佩的就是汤书记一到当地就深入到广大农村，调研两个月以了解当地情况，然后在自己的岗位上积极作为，为县里做谋划并极力为万安县争取各种项目。他也说到这次挂职的经历让他更深刻地认识到基层工作的困难，有了这一段经历他回到北京工作才更有经验也更有发言权，制定和推进各项政策才更有底气。通过对挂职干部的访谈，我对他们有了新的认识，他们克服重重困难、心系群众来到基层工作，作为一个枢纽把基层的声音传递到中央，让之后的决策更接地气也更有底气。

第六站我们到达井冈山，井冈山是众所周知的革命圣地，来到井冈山脚下就能感受到庄严肃穆的气氛。虽然在那只待了一天，但这种感动却是触及灵魂深处的。从井冈山革命烈士陵园的瞻仰和敬献花圈到井冈山革命博物馆的参观以及神山村的实地调研，让我加深了对中国革命历史性、复杂性的认识。这一天的调研收获的不仅仅是感动，更多的是感悟，更重要的是让我进一步明确了今后的努力方向，就是不断提高自己的学习能力，把自己的所思所想和看到的东西与理论结合，实事求是地转化为文字报告，真正地做一些有意义的事。

第八站来到我的家乡安福县，在安福生活了二十多年的我，本以为对安福很了解，每个大街小巷都窜过。这次深入调研后我发现自己之前只是看到了这里的冰山一角。这次的调研让我看到了一个很不一样的安福，短短的时间内发生了翻天覆地变化的安福。

在这次深入的调研之后，我也更坚定了自己继续前进的信念，在学习和学术研究之前都要先接地气，我们才能更有底气地写好文章，“纸上得来终觉浅，绝知此事要躬行”。

调研行与悟

赵美琪[①]

假期是我们最期待的时刻。不是因为可以放假休息，而是因为可以扎根苏区充电。非常感谢苏区振兴研究院提供这次难得的机会，让我和我的小伙伴有机会走出校园，走向苏区，立足理论，了解实际。这次吉安调研，是继寒假赣州调研之后的又一次长时间调研。这次调研我主要和搭档负责对国家部委对口支援的下派挂职干部进行访谈。通过交流，我们深刻了解了各个部委在对口支援过程中取得的成就以及在扶持政策落实过程中挂职干部发挥的重要作用。

这次调研去了很多我自己可能不会去的地方，也去了很多我自己去不了的地方。现在讲讲我在调研途中的几个片段。

在万安县实地了解高铁广场项目时，项目负责人介绍，很快就会建成并且通车，让我真切感受到了“中国速度”。这就印证了网上广为流传的一句话：“有一种骄傲叫中国高铁，有一种速度叫中国速度，有一种奇迹叫中国奇迹。”

在井冈山革命烈士陵园那一站，天色灰暗还下着蒙蒙细雨，正如我的心情一般沉重。其中最令我触动的是一块无字碑，一大块白色的汉白玉。在井冈山斗争的两年零四个多月时间内，许多革命者献出了宝贵的生命，一部分烈士留下了姓名，另外一部分革命先烈的名字无从查证，只能凝注在这一块雪白的无名英雄纪念碑之中。听着讲解员的介绍，我不禁鼻头泛酸，红了眼眶。说实话，我始终无法深刻地去理解究竟是什么力量支撑着这一群战士英勇无畏地奔赴战场、参与战斗、不怕牺牲。或许是一腔

① 江西师范大学马克思主义学院、苏区振兴研究院硕士研究生。

“天下兴亡，匹夫有责”的责任感和热血，一种对于长期以来苦难的抗争，一份“人固有一死，或重于泰山”的信仰。无论是什么，这一块无名英雄纪念碑最好地诠释了“石碑无言，烈士无声”的含义。

在吉水县了解到了国家国防科技工业局支持苏区振兴发展，把军工技术向民用技术转移转化，积极发挥了桥梁纽带作用，当然这也离不开政府高度重视和高效率。

参加调研活动，对我们走向社会起一个桥梁的作用，一种过渡的作用，是人生一段重要的经历，也是一个重要步骤，对将来走上工作岗位也会有很大帮助。这一段时间所学到的经验和知识是我人生中的一笔宝贵财富。实践是我们接触社会、了解社会、服务社会，运用所学知识实践自我的最好途径。亲身实践，而不是闭门造车，实现了从理论到实践再到理论的飞跃；增强了认识问题、分析问题、解决问题的能力；为认识社会、了解社会、步入社会打下了良好的基础。同时我们还需要在以后的学习中用知识武装自己，用书本充实自己，为以后服务社会打下更坚固的基础。

像蚂蚁一样工作，踏踏实实、勤勤恳恳，认真地把暑期调研这项工作做好；像蝴蝶一样生活，自由自在而又绚丽多彩，乐观地对待调研过程中遇到的各种“酸甜苦辣”。这不仅是我们做事的积极态度，更是我们该有的生活态度。

聆听那年

龚苡慧①

如果可以像小时候一样调皮，我想我会在走过的每个县区的某个地方刻上一句：××× 到此一游。加起来几十句，也算给我二十三岁

① 江西师范大学马克思主义学院、苏区振兴研究院硕士研究生。

的年纪添上一笔。一路调研，所见，所闻，所感，自然不少。从登上井冈山，到参观贺子珍纪念馆，眼泪不止一次在眼眶里打转，我依旧是那个容易泪目的女孩。

井冈山之行，依旧是雨不停的天，我不敢张望路旁的柏树翠竹，它们太过庄重肃穆；我更不敢随意踏足，109 级台阶，每上一级，都更加沉重。讲解员的一字一句，敲打耳畔，也敲打着我的心。

聆听那年，一群革命者不幸生于乱世，鲜血飞溅的过往触目惊心，终换来今日繁华锦世。今日神州看奋起，陵园千古慰忠魂。借调研之行，我有幸踏上这块红土地，就让淅淅冷雨，寄去我们的悼念，片片白花，捎去我们的敬意，每一次烈士英名的提起，都是后人的不忘记，我们又怎会忘记！

聆听那年，往事再提，我们来到这块红土地，多想告诉他们每一位：我们从未忘记你！《国务院关于支持赣南等原中央苏区振兴发展的若干意见》实施，给苏区振兴带来发展机遇，对口支援挂职干部义无反顾，满腔热情奔赴老区，送来最温情的礼。我们有幸，在调研途中聆听那年，在部门汇报中听取政策建议，更在实地考察中感知苏区发展奇迹。我们不会忘记先辈们的付出，历史总会被提起，时刻告诉我们，振兴发展，会一直走下去。

改变来源于行动

曹伟彬[①]

暑假，我们又踏上了调研之路，这是继寒假调研之后的第二次大规模的调研，我十分有幸能参加此次调研，感谢苏区振兴研究院提供

① 江西师范大学商学院本科生。

此次调研机会。此次调研我们带着相同的目标，奔向了另一个目的地——吉安。七月的天气，时晴时雨，但天气的变化，依旧没有打乱吉安调研的行程。总觉得时间还长，但转瞬即逝，调研已经接近尾声。回味这十几天的经历，感想言之不尽。

天空灰灰蒙蒙，小雨淅淅沥沥，井冈山之行，开启了我的调研第一站。井冈山，革命之地，英雄之地。缅怀先烈、纪念英雄之人，络绎不绝。高高的阶梯，长长的队伍，伴随着雨滴拍打的律动，一起前去致敬先烈。一批批稚嫩的少年，披着雨衣，走近先烈，缅怀先烈，令人印象尤深。走入馆内，讲解员的声音在馆内回响，这里的点点滴滴记录着革命先烈不朽的传奇。伴随着讲解员的脚步，聆听先烈的故事，令人伤感又充满敬意。在这里我开始明白革命先烈的英勇抗敌、顽强斗争的革命精神，感受着革命先烈抛头颅、洒热血的崇高精神。革命先烈的脚步，为我们踏出了时代的进步，前有井冈山革命根据地，后有三湾改编等红色经典，让我感受到了革命英雄的不屈与不易。学习先烈，缅怀先烈，具有不一样的意义。

调研之行，也是学习之旅。每到一个地方，都填补着我们知识的空白。所到之处，定有学习之处。学习先人的革命传统、革命精神的同时，也要了解现代的社会发展。调研是让我们走进社会、了解社会的一种方式，它还可以让我们接触校园内所不能接触的人和事。调研期间走进企业，对于像我这样常年在校的学生，机会尤为珍贵。化工、药业、箱包、酒业、电子、军工等多个企业的调研，填充了企业学习的样本，其中不乏优秀的企业、企业家，他们致力于各行各业的发展。听着企业负责人详细的企业介绍，我加深了对企业和行业的了解，颇有知行合一的味道。其中，令人印象较为深刻的是新干的箱包企业，数十年的坚持，长时间的沉淀，成就了目前的好态势。一个人、一个企业、一个地方的发展模式尤为重要，这可能需要时间的沉淀，但坚定目标，坚持下去，结果定不会差。

此次调研，深入苏区，让我感受到了江西近几年的变化之大，作为江西的一员，我对江西有了另一番认识。参与此次调研活动，是我大学生涯中一段难忘的经历，也是一段难得的经历。改变来源于行动，成功也来源于行动。希望我可以继续行动起来，不忘初心，砥砺前行，继续充实、完善自己。

吉安之行，感慨万分

贾泽明[①]

一、调查研究是谋事之基、成事之道

调查研究是谋事之基、成事之道。高校老师、学生接触更多的是理论方面的研究，因此要想政策接地气，具有中国特色、地方特色，调研是必不可少的。所以在这十三天里，我们一天走一个县，上午看，下午听。看，吉安市这七年以来发生的变化；听，领导干部、企业家等对新一轮对口支援政策的意见和建议。真正做到侧下身去听，俯下身去看，静下心来想，听真话、察实情、办实事。

常言道："调查研究是我们党的传家宝，也是我们做好各项工作的基本功。"在中国特色社会主义进入新时代，决胜全面小康、实现中华民族伟大复兴的关键性历史阶段，克服困难挑战，永葆我党的先进性和生命力就需要我们深入开展调查研究，传承好党的"传家宝"。

二、红土地上的不忘初心

习近平总书记反复强调，我们要永远珍惜、永远铭记老区和老区

① 江西师范大学商学院本科生。

人民的这些牺牲和贡献，要把老区发展和老区人民生活改善时刻放在心上、抓在手上。

每看到老区在政府领导下的发展与变化，我都感慨万分，思考自己可以为老区做些什么，时刻提醒自己应该像其他共产党员一样，不忘初心，在点滴中奉献自己的力量。

三、苏区精神照亮新时代奋斗之路

习近平总书记在江西考察时指出，井冈山精神和苏区精神，承载着中国共产党人的初心和使命，铸就了中国共产党的伟大革命精神。这些伟大革命精神跨越时空、永不过时，是砥砺我们不忘初心、牢记使命的不竭精神动力。

此次调研之行，可谓是一次移动的、交互式的苏区精神主题教育课堂。“口说不如身到，耳闻不如目睹”，从一个县到另一个县，十几天的耳濡目染，让我的精神得到了一次又一次的洗礼。吉安市各县区把革命年代一心为公的模范带头作用再度树立起来。在吉州区，政府落实推进小区“三通三进三改”项目，打通“断头路”实现各道路的互联互通；在永丰县，领导干部求真务实，积极争取本土企业家返乡创业并提供大力支持，一度孵化出江西和明药业、江西广源化工等本土企业，促进本土经济的蓬勃发展，具有地方特色和示范效应。

在贺子珍纪念馆和永新将军馆，苏区革命先烈可歌可泣的英雄故事，让我倍感震撼：在一次次洗礼中，汲取革命先烈强大的信仰力量，牢固树立坚定的理想信念；在三湾改编纪念馆，了解毛泽东确立的一整套崭新的治军方略。在这十几天的时间里，如此不间断地去听、去看、去想，耳濡目染，我感受到了坚定信念、求真务实、一心为民、清正廉洁、艰苦奋斗、争创一流的苏区精神。

四、勇立时代潮头，争做时代先锋

从积极向国家部委争取项目、资金的挂职领导，到为招商引资而拼命奔波的“黑眼圈”发改委主任，再到为弘扬“庐陵文化”而返乡创业的民营企业家……水不激不跃，人不激不奋，每想到这些我都会感觉热血沸腾，充满了斗志。牢记初心使命，勇于担当作为，在该奋斗的年纪选择奋斗，是我此生莫大的幸运。

习近平总书记强调，新时代青年要担当时代责任，站在“两个一百年”交汇期这个承前启后、继往开来的重要节点，我们必须不忘初心，有责任有担当，努力锻造一支新时代青年队伍，助力中国这艘巨轮乘风破浪、扬帆远航。

五、众志成城，坚不可摧

“集体是力量的源泉，众人是智慧的摇篮”。我很幸运有机会加入这支极具战斗力、凝聚力与活力的调研团队。从寒假初第一次赣州调研的手忙脚乱，“眉毛胡子一把抓”到现在做事得心应手，井井有条，团队的老师、学长、学姐给了我莫大的帮助和支持。

从寒假到暑假，我真切感受到了整个团队在不断发展，不断成长。在调研中大家相互之间不断磨合，相互交流，相互提醒，相互学习，相互帮助。相比于寒假调研时，这次调研分工合作更明确、更高效。除此之外，私下里大家相处得也愈发融洽，相互之间也更加了解。一路走来，感受颇深，我为能有此次调研机会，加入调研团队而感到无比幸运。

六、一万年太久，只争朝夕

“勿谓今日不学有来日，勿谓今年不学有来年”。此次调研之行，让我明白了继续学习、不断学习的重要性，更明确了以后发展的目标与方向：扎根赣南红色土地，将苏区精神融入血脉，为赣南苏区振兴发展贡献力量。千里之行，始于足下。确定了目标，接下来便是点滴积累，坚持不懈，一步步向目标靠近。

以知促行，知行合一

黄 亮[①]

经历寒假调研的历练后，我万分期待本次暑期的回乡调研，也无比珍惜此次宝贵的机会。在这几天的行程中，所见所闻，感受颇深。

首先，通过本次调研，我对家乡的发展变化有了更深的了解。以前只知美食美景，对科技创新知之甚少。第一站参观高新技术开发区后，我真切感受到了抚州创新引领发展的宏观布局和战略眼光。第二站的卓朗大数据中心构建了优质信息处理及应用体系，加速了城市数字化进程、提升了产业智能化发展水平。第三站是博雅科技，该企业以打造世界级血液制品企业为战略目标，目前血液原料利用率国内领先。第四站的大乘汽车虽为重工业产业，但已迈上智能制造新台阶。科技创新为家乡跨越式发展注入了新动能。地方父母官“不畏浮云遮望眼”，高瞻远瞩，让家乡发展真正实现“苟日新，日日新”。

其次，这次调研活动更让我感受到团队合作的巨大魅力。多次大型调研的经验积累和磨合，使团队成员之间分工明确，配合默契。拍照、采访、记录等一切活动大家密切配合，调研活动开展更加高效，我也在参与的过程中提高了自己适应团队的能力。调研团队在协作和互帮互助的过程中共同进步，团队成员间的关心更让我在整个调研过

① 江西师范大学马克思主义学院、苏区振兴研究院硕士研究生。

程倍感温暖。

最后，在此次调研过程中，我更加端正了自己的学习态度。调研活动持续时间长，跟在老师身边，我直观地感受到怎么用心实在地做一份研究。“耳闻之不如目见之，目见之不如足践之”。无论为学还是为政，实践都是非常重要的。在实际学习和工作中探索，才能发现真问题和找到解决问题的办法。要真正了解情况，必须深入到基层，亲自到社区村庄和群众交流交心，深入开展调查研究，才能制定切实可行的决策方案。这一路，老师们的言传身教让我获益良多。

“行之力则知愈进，知之深则行愈达”。作为21世纪的大学生，社会实践是引导我们走出校门、步入社会并投身社会的良好形式。我们需要知行合一，不断地把调研过程中的认知和实践形成的经验作为下一步行动的基础，这样才会越来越有进步。要抓住培养锻炼才干的好机会，明确自己的目标，树立远大的目标，为祖国和家乡的发展贡献一份自己的力量。这次紧张且充实的调研活动，是我人生中一段重要的经历，对将来的工作学习也有着很大帮助。这一段时间所学到的经验和知识也必将成为我一生中的一笔宝贵财富。

雁过留声，风过留痕

曹伟彬①

马不停蹄，抚州出行。调研启程，倍感荣幸。看着车窗外熟悉的花草树木，心中竟略有一丝不舍。可能是因为大四将至，校园时光变得无比珍贵，也可能是熟悉的人已经离校，心怀想念。

① 江西师范大学商学院本科生。

时隔两年，重来抚州，回想上一次来抚州还是大一。两年间，身边的人，身边的事，早已发生巨大变化。此次抚州调研，感觉抚州变化很大，与之前截然不同。

天气变幻，大雨总是说来就来，也说走就走，留下的就只有晒在屋外湿漉漉的衣服和被子，还好只是虚惊一场，影响不大。雨后的天气异常闷热，总算成功走上抚州调研之路。调研的成员还是熟悉的老师、同学。

来到抚州，最初感觉与吉安、赣州相比，它没有特别不同的地方，可能是同属于江西，风格相近。但深入地区，发现每个地区各有特色，比如广昌的白莲、南丰的蜜橘与甲鱼等，其中南丰的一位草根创业者令人心生敬佩。调研的流程，总是相近，但了解的内容和特色迥异。

之前的我，一直认为调研是学习的盛宴，是填充自我的过程。是却又不是，看似矛盾的一句话，却表达了我心中另一种感受。其实，在调研的过程中，在学习的过程中，发现自己、找准自己、找准方向也尤为重要。实地调研、人物访谈、座谈交流，尤其是对挂职干部的访谈，面对千里迢迢支援江西的领导，崇敬之情油然而生。调研，让我实地感受、实际学习，感受社会，学习改变。雁过留声，风过留痕，走过、看过、听过，也希望能在我们的心里留下一丝痕迹。

每到一个地方，看过了这边的人和事，总觉得内心想法堆积于心间，但又不知从何说起，可能是我嘴笨，不知如何表达，也可能是我没能融会贯通，没能将心之所想与笔下文字合二为一。调研这段时间，我走过了江西的大部分县、市、区，总感觉有点意犹未尽，也感觉收获良多。看着曾经发展相对落后的江西，在近些年有了这么大的改变，作为江西人，心中倍感幸福。希望江西可以乘着发展的春风，越来越好。

调研，让我感受到了许多，明白了许多。感受到了现实社会中实际存在的事物，也接触到了现实生活中难以接触的人和事，这些都难以忘却。与此同时，我内心的疑惑也慢慢解开了，前行的方向逐渐清晰了。

曲终人散，韵律犹存。调研终将结束，但调研中的点点滴滴，已在我的内心，留下痕迹，组成了我人生中精彩画卷的一部分。花花世界，精彩缭乱，诱惑繁多，希望自己能不扰于心，目标清晰，砥砺前行。

抚州，一个有梦有戏的地方

刘梦怡[①]

沐浴灼灼骄阳，我们离开吉安，行走在了赣抚大地之上，两侧是万顷沃野。2019年7月21日，我们到达抚州，将开展为期9天的调研。早在来到抚州之前，我就听过抚州是一个有梦有戏的地方，而这次抚州之行，也让我切身感受到了，抚州有梦，振兴有戏。

一、高虎脑——长征前夕的战斗

在广昌我们去了高虎脑苏区小镇，高虎脑是红军长征前最后一场激战的主战场。村中心广场上巍然耸立着高虎脑红军烈士纪念碑，纪念碑的正面镌刻着杨尚昆同志的题词——“高虎脑红军烈士纪念碑”；北面镌刻着原中共中央军委副主席张震的题词——“向高虎脑战斗顽强作战英勇杀敌光荣献身的烈士致敬”；背面镌刻着高虎脑人民送子从军图；南面是原中国人民解放军总政治部副主任刘志坚的题词——“长征前夕的战斗”。这四面入木三分的篆刻，纪念着当年在高虎脑战役中壮烈牺牲的陈阿金等2300名红军将士，见证着当年悲壮的历史。随后我们参观了高虎脑红军小学和高虎脑战斗纪念馆，了解了高虎脑战役为红军主力和中央机关的战略转移赢得了时间，在波澜壮阔的长征史

① 江西师范大学马克思主义学院、苏区振兴研究院硕士研究生。

中留下了不可磨灭的历史功绩。

二、中共闽赣省委旧址

闽赣省苏维埃旧址位于黎川县湖坊乡。老一辈无产阶级革命家曾在这里战斗和生活，创建了闽赣省革命委员会、闽赣省苏维埃政府，在这里无数闽赣儿女浴血战斗，谱写了一曲华丽的赞歌。在湖坊乡的街中心，我们还能够看见红军检阅台，这是当年红军进行文艺表演和革命宣传的平台。

抚州是一个有梦有戏的地方。在抚州话里，“有梦”包含“有理想、有向往、有抱负”的意思，“有戏”包含“有希望、有办法、能成功”的意思。梦，这个充满浪漫气息的词，对于抚州而言，有着更深刻的内涵。梦，成了抚州的象征和骄傲。梦想是前进的动力，梦想可以铸造未来。抚州已经站上新的历史起点，抚州的未来不是梦。曾经在革命战争年代摸爬滚打过来的抚州人，必将发扬艰苦奋斗的革命精神，在追梦的征途上创造更多辉煌的“大戏”。

圆振兴“梦”，演发展“戏”

张　琪[①]

下一站，抚州——“一个有梦有戏的地方”，这也是我们在此次调研行程中经常看见的宣传标语。从字面上理解，我认为“梦”指的是被誉为“东方莎士比亚”的汤显祖创作的《临川四梦》，一曲《牡丹亭》传唱不衰，哀婉动人；“戏”则指的是抚州市悠久绵长的戏曲文

① 江西师范大学商学院硕士研究生。

化，其包含着广昌孟戏、宜黄戏、临川采茶戏等多项国家级戏曲。在偶然查看有关抚州市的新闻报道时，我发现了对这句话更深层次的解读："有梦就是有理想，有戏就是有希望。"带着对"梦"和"戏"的向往和探究，我走进了这座"有梦有戏"的历史文化名城。

一、振兴"梦"

在调研的时候我参观了一家很特殊的企业——博雅生物制药集团股份有限公司，其生产原材料是人体新鲜血液，目前该企业生产的"人血白蛋白"医药制品市场份额居全国第一，这类药品在临床治疗上有着很大的功效，挽救了无数人的生命。相关工作人员在最后给我们介绍的时候特别提到："我们企业的战略目标是要成为百亿规模世界级血液制品企业。"每个企业都有着自己的"百亿梦"甚至是"千亿梦"，正是无数这样的"企业梦"，共同造就了抚州充满理想和追求的"苏区振兴梦"！

二、发展"戏"

七八月的暑假骄阳似火，热浪肆虐在整个南方大地。然而在被誉为"白莲之乡"的广昌境内，随处可见的绿荷涤荡了空气中的不少热意，成片的莲花美不胜收。广昌种植白莲已经有一千多年的历史，白莲产业也是县内的重要产业之一，"接天莲叶无穷碧"的盛景每年都吸引了不少国内外游客前来观赏写生。工作人员告诉我们广昌是市内抚河的发源地，因此当地政府十分重视生态保护，关停了很多污染企业，优先发展绿色产业，目前全县森林覆盖率接近70%，居于江西省前列。广昌调研一路走来，满目苍翠、生态良好，青山绿水白墙灰瓦红霞，展开一幅秀丽山川的壮美画卷。"绿色发展"是今后经济高质量增长的必然要求，目前抚州正在深入贯彻这一发展理念，演好"绿水青山就是金山银山"这一出发展大戏。

三、圆“梦”和演“戏”

不管是“振兴梦”还是“发展戏”，最关键的核心因素还是在于人。我相信，抚州市必能实现“振兴梦”，演好“发展戏”！不仅是抚州，小到个人的“幸福梦”，大到中华民族的“中国梦”，都需要我们每个人不懈的奋斗和努力，愿与诸君共勉！

抚州：梦里江南

林娟娟①

2019 年 7 月 21 日，我们来到了调研的第三个目的地——抚州，一路走来，途经抚州高新区、广昌、南丰、黎川、南城、资溪、金溪等地。去的地方越多，就越能感受到每个地方的温度，广昌有着世界最大的莲池，我们去时正值莲花盛开的夏季，花香漫天，视野所及，花开娉婷。一个爱花之人必定是想来日再访的。

世界很大，好看的地方太多，我们总在邂逅一处美景后，暗自立誓一定要再来一次，后来却又被更美的地方吸引，以至于忘却曾经的信誓旦旦，周而复始，归于惘然。所以，人总是太容易错过一些感动，要学会去珍惜当下才对得起时间。

我向来就非常钟爱古色古香的东西，譬如建筑。一路走来，广昌的驿前明清古建筑群、黎川古城、金溪县的竹桥古村着实让我大饱眼福，也加深了我对古典美的崇敬与偏爱。每当看到这些精美绝伦的房屋建筑时，都由衷感叹古人的匠心独运，精工巧做。每一处建筑的选址，建筑的每一个门廊，房屋的每一处雕刻，都有着独一无二的智慧与文化。这些都是现

① 江西师范大学商学院硕士研究生。

代钢筋混凝土的高楼大厦所无法比拟的。如果说现代建筑是给我们提供身体的栖息之所，那么这些古建筑绝对可以说是我们浮躁灵魂的升华之地。

当然，除了沉浸于美景之外，我也非常感叹抚州各县区的巨大变化，人们的生活水平得到了很大的提升，生活基础设施建设越来越好，精神面貌也有了很大的改善。从战乱到和平，从艰苦卓绝到奔向幸福小康，一代一代人努力着，一群一群人奉献着，我们之所以觉得岁月静好，那是因为有人在替我们负重前行。

江南，一直以来，没来由地觉得这是一个非常美、非常温柔的名词。黄河孕育了中国人民，长江则更多地赋予了江南人温柔的秉性，水容万物，以柔克刚，故此，江南在我的脑海里都是温柔婉约的形象。目前为止，抚州就是这样一个地方，是我梦里的江南。

这已经是第三次和老师、同学一起出来调研，回头想想，这确实是不可多得的经历。很多人都说，“小学是一个班的小学，初中是一群人的初中，高中是几个人的高中，而大学是一个人的大学。”仔细想想，确有一定道理，但是幸好，和老师、同学们的种种经历，让我感受到大学也是一群人的大学，就像诗人约翰·多恩的诗句“没有人是一座孤岛，每个人都是大陆的一片”，人处在集体之中，能够更快找到自己的定位，更清楚地认识到自己的缺点和优点。很幸运，我遇到的是你们。

亲爱的，你所热爱的是否依旧坚持？

赵美琪[①]

何其有幸，苏区振兴研究院这个平台让我们这样一群在生活中可

① 江西师范大学马克思主义学院、苏区振兴研究院硕士研究生。

能不会有交集的人聚在一起。从赣州到吉安再到抚州，让我们明白“没有调查就没有发言权”“实践出真知”的意义所在。就是这样一群人，分工明确，有采访的、有记录的、有拍照的……大家密切配合，使我们亲身感受到团队精神，也认识到了团队协作的作用。从中我也学到了要善于与他人沟通，耐心地倾听他人的意见，合理地吸纳他人的想法。

大三之前的我很迷茫。但是在导师的带领下接触到赣南等原中央苏区的研究后，我便深陷其中无法自拔，并且在心中定下个小目标，留在本校读研，扎根这片红土地。前段时间，在与团队中的一位即将大四的同学聊天时偶然提及他毕业后的打算，他很笃定地说会留在江西。他的理由让我有些感动——“因为我喜欢苏区，我热爱现在做的这件事！”团队中的其他人，又何尝不是这样？长时间的耳濡目染，让我们深深地爱上了这片红土地。

没有哪一条道路是一帆风顺的，追求所“热爱的”东西其实没有那么容易，我们总会遇到一些或大或小的挫折，也总是会有撑不下去的念头。这个时候，多亏身边还有一群“亲爱的”人陪着。

有时候，让你重新振作起来的，可能是亲人的一句安慰，也可能是朋友的一声鼓励。纵使前路漫漫，只要身边有人陪伴，也敢摸索着往前走，想跟身边的人说一句：“亲爱的，幸亏有你们在。”

我向往的自由是通过勤奋和努力实现的更广阔的人生，那样的自由才是珍贵的、有价值的；用一万小时的刻意练习去做自己热爱的事情，如果你没有成功，只因没到一万小时。“请乘理想之马，挥鞭从此起程，路上春色正好，天上太阳正晴”。

绘就苏区新画卷——思路决定出路

周　琪[①]

苏区这片红色的土地为革命做出了巨大贡献，也为中华人民共和国的成立和后期发展做出了巨大贡献。然而谈到苏区，大家的第一感觉是偏僻、落后、经济不发达，故而绘就苏区新画卷迫在眉睫。绘就苏区新画卷重要的是思想观念的革新，从这次为期 20 天的大规模调研中我深刻地理解了“思路决定出路”这句话的真正含义。

什么样的思路决定什么样的出路，只有用更积极的思路去迎接挑战，才会有更好的出路。如之前调研的某个县区矿产资源很丰富，对矿产资源的依赖性很强，后来当地领导逐渐意识到依靠矿产资源的发展只是短暂的，想要更加长远的发展就必须加强内生动力，所以十年前就建设好了工业园，积极承接沿海地区的产业转移和研发自己的新产品，并且一直坚定发展工业的思路不动摇，目前园区已经有企业成功上市。这不仅解决了当地的就业问题还增加了政府的财政税收，整个地区的经济态势都向好发展。而有些地区，还是以很原始的农业生产为主，产品附加值较低，基础设施落后，很多有特色的东西没有进行有力的开发和宣传，第二产业和第三产业占比较低，两者形成鲜明的对比。这次短时间内走了 20 多个县，虽然没有进行更深入的了解，但最直观的感受就是想要绘就苏区新画卷，首先要加强思想观念的改革，有了开创性的思维并结合当地的实际，苏区振兴的路肯定会越来越宽广。

在这次调研中，我们每个人的分工都很明确，我的主要任务是与

① 江西师范大学马克思主义学院、苏区振兴研究院硕士研究生。

挂职干部访谈，与他们交谈后，我更加深刻地体会到地方积极作为的重要性。挂职干部更多的是起到一个联络员的作用，是一座更好地联通中央与地区的桥梁。在与每位挂职干部的交谈中，都能学习到很多知识。其中有一位挂职干部有工作需要处理才回北京，其他时间都在基层，来了 15 个月就能听懂 1/3 的当地方言，节假日走在当地的小道上思考如何更好地实现苏区振兴，这种无私奉献的精神让我震撼。他们提到了“深度挖掘苏区精神的力量和提升基层干部的水平，积极引进人才”，这一看法更是印证了“思路决定出路”。地方有想法、有思路，挂职干部才能更好地帮扶当地，他们起到的是“输血”功能，地方的发展还在于自身的造血功能。“造血”需要地方主动有作为，充分利用好这座桥梁，更好地绘就苏区振兴新画卷。

我们不能改变环境，但可以改变思路，我们不能改变别人，但可以改变自己。多一种思路，多一条出路，思路决定出路，观念决定前途。所以从这次调研中我感触最深的就是今后在学习和生活中要在思想上寻找突破，以新思想、新思维去面对不断发展的事物。

致力老区振兴发展，我们都在路上

贾泽明①

稻盛和夫提到，当领导者只考虑自己时，组织便开始溃败。只有时刻把组织放在心上、不惜自我牺牲的人才能当好领导者。南丰县龟鳖产业协会吴会长将自己绝大多数的时间投入到了龟鳖产业中，除了养殖之外，在完善产业链、创新新品种等方面，他敢于试错，比别人付出了更多的努力，同时也承受了更多的压力。

① 江西师范大学商学院本科生。

“许多农户越是看到价格下降就越是急于把龟鳖全部卖掉，结果导致市场上龟鳖价格不断走低，到头来也赚不了几个钱。”为了解决这样的问题，他成立了江西添鹏生态农业有限公司并严格采用“公司＋基地＋农户”模式，实行股份制经营方式，制定了完善的生产管理、财务管理制度，采取统一规划设计、统一建设、统一采购、统一管理、统一技术指导、统一销售的生产经营机制，有效地控制了龟鳖市场的价格，保证了农户的收益。

“当所有的农户不愿意做的时候，我自己先做，成功的话就让农户和我一起做。”为了健全产业链，提高当地龟鳖产业在全国的竞争力，他每年都会投入一大笔资金进行试验，创新做法、培育附加值更高的新品种。奇形怪状的锅炉，被凿开的通风口，简易的露天养殖基地，上下层水流的导流管，新型的龟鳖品种……他主动承担风险，先试先行，并将成功的做法和产品推广给农户，大家一起发财致富，只有初中学历的他却有着超乎常人的创新精神和责任意识。

宜黄县制造业的发展状况同样令人印象深刻。在企业成长过程中最怕的就是资金链断裂，当地政府为扶持企业，专门设立“过桥资金”用以帮助成长性高、发展态势好，但成长过程中有资金困难的相关企业。

在“过桥资金”的使用上，园区主任则发挥了至关重要的作用，成为了企业与银行的桥梁与纽带。园区主任讲道：“园区内 143 家企业的情况我都了如指掌，有多少员工，纳税多少，用电量多少，我都一清二楚，进入园区就像回到家一样。”在调研艾美科技公司的过程中，公司经理也笑着打趣道：“你对这里这么熟，要不你来介绍吧！”言语间体现出园区主任勤勤恳恳的工作态度和扎扎实实的工作作风，不由得让人敬佩。

在资金使用和分配上，他也尽量做到一视同仁，将“过桥资金”的作用发挥到了极致。“不管企业大小，都是我的企业，看企业不能戴有色眼镜。”园区主任说道。园区主任扎扎实实的工作作风让我倍受鼓舞，他也印证了那句“世界上怕就怕‘认真’二字，共产党人就最讲认真”。从县委、县政府的招商引资，到出台一系列优惠、奖补政策再到工业园区领导干部的“妈妈式”无偿服务，这些都使宜黄的制造业不断发展壮大，人均产值跻身抚州市前列。

“凡是有利于南丰县经济发展的我们都愿意支持，凡是有利于南丰县老百姓脱贫致富的我们都愿意服务。”赵书记如是说道。从北京来到赣鄱大地后，她几乎不曾回家，一门心思扑在老区振兴发展上面。当万家灯火时，一个人走在南丰县的街道上，她感到身上除了振兴老区发展的责任，还多了一份对老区的情感，这里好似变成了她的“第二个家”。

从个体经营者到基层干部，再到国家部委挂职干部，每个人的付出大家都看在眼里，记在心里。振兴老区发展需要我们所有人的共同努力，致力于老区振兴发展，我们都在路上。

井冈山调研心得

邹　杭①

来到神山村驻村调研让我觉得收获满满。一日之计在于晨，早上 7 点，我们开始调研之旅。当我们走在路上，村民们都很热情地招呼我们就座，我们向他们表明来意，他们都很欢迎我们，并很热心地与我们交流。在与他们的交谈中我得知当地有很多特产，如毛竹、茶叶、黄桃与糍粑。以毛竹产业为例，冬春季节，竹笋勃发，村民们入山寻笋，夏秋季节砍伐竹子卖给加工厂进行加工，农户们只要肯下苦功夫，凭此一项便可温饱，加上现在这边的乡村旅游发展得比较好，人们的日子越过越好，从他们脸上能看到满满的幸福

① 江西师范大学马克思主义学院、苏区振兴研究院硕士研究生。

感和自豪感。

之后，我们采访了驻村干部李乡长，他向我们介绍了村里正在建设的项目——民宿小镇。神山村作为一个旅游村，要想获得更好的发展，如何让游客在这边感受到真正的乡村民俗是重点。这个项目也是当地重点打造的项目，如果能成功开展将会给神山村带来更好的发展。

下午，我们与当地农户进行了深入访谈，阿姨一家亲切而友好，向我们介绍了神山村这几年的巨大变化，言语真挚而动人，让我深有体会。

神山村的发展与进步，何尝不是中国发展与进步的一个缩影，希望神山村发展得越来越好。

神山掠影

涂玉婷①

神山村，一个被群山环绕的小山村。我一进入这里，顿时感到仙气萦绕，神清气爽。升起的炊烟在青翠的竹林映衬下，清幽而绵长，远远看去像是一幅绝美的水墨画。

初到神山村，便听到隆隆的水声，循声而往，看到湍急的山泉水欢快地拍打着石块。当地村民说，山泉水随地势而下，家家引水入户便可直接饮用，家门口冰凉的山泉水就是天然的冰箱，早上放一瓶啤酒在山泉里，中午就可以喝到可口的冰啤酒。随处可见搭好的竹筒架用来引水，当我们走在路上口渴时，清冽微甜的山泉水便是最好的解渴利器。

村里的房子高高低低隐匿在仙气之中，公路可以直达每户人家，但乡亲们似乎更偏爱山间小道。小道弯弯曲曲，宽度不足一米，道边上是近 90 度的斜坡。我们跟着乡亲们走在小斜道上，乡亲们步履轻盈

① 江西师范大学政法学院硕士研究生。

地走在前面，却让我们这种初来乍到的人吓出一身冷汗。惊吓归惊吓，这些隐秘的山间小道却是给这个秀美的小山村增加了一分别致的野味。

神山村以竹为生，目光所及之处，几乎全是高耸入云的竹子。坐在农户家门口纳凉闲聊时，一阵阵凉风吹过，引得竹叶沙沙作响，空气中便有了几分竹叶的香气。有竹子的地方必然少不了竹笋，来到神山村第一天，队员就嚷嚷着要吃当地的竹笋炒肉。菜一上桌，我就明白了队员对竹笋爱得深沉的原因：这个竹笋真是太香了！竹笋经过腌制晒干，不仅色泽鲜亮而且竹香悠扬，嚼起来恰到好处地爽口。

说到菜就不得不提这里的熏肉。如果说笋干需要仔细品味其中清香，那么熏肉就是直接而又霸道地侵占你的味蕾。瘦肉紧致有嚼劲，肥肉软糯不粘牙，吃到嘴里满满都是幸福的味道。此刻，我也是拥有简单快乐的神山村人！在神山村不足三天，热情好客的村民和村里的美食美景便深深打动了我，让我不止一次地产生了在这里多待一天，再多待一天的想法。走在村里的小道上，与过路的村民互相问好，恍惚间我好像与他们融为一体，也就是在那瞬间，我理解了他们的幸福感和满足感。

在路边一次次闲聊中，在实打实的接触中，我们深入了解了神山村民的想法，见到了神山村这几年的变化，也确实体会到了神山村发展的困境。我想，这便是驻村调研的意义。

情深水甜润心扉——井冈山调研心得

袁烨浠[①]

在得知能够加入井冈山调研后，我便满怀期待，既有对革命老区

① 江西师范大学商学院本科生。

的憧憬，又有对调研活动的盼望，同时还有一丝紧张，毕竟这是我第一次参加实地的团队调研，第一次去实地访问调查，第一次和其他小伙伴组成一个团队来完成一件事情。

就在这样的紧张与期盼下，我和其他调研成员踏上了前往井冈山的路。清晨从南昌出发，中午便抵达井冈山。为了能进一步感受井冈山革命精神和当地的红色文化，我们下午先后参观了井冈山博物馆和黄洋界景区。井冈山博物馆有许多珍贵文物，让我大概了解了井冈山革命斗争的历程，有些保留下来的文物甚至能让我想象出当时战斗的画面，更让我们体会到革命的艰难以及和平的来之不易。

参观黄洋界时，我印象最为深刻的是黄洋界保卫战胜利纪念碑刻着“星星之火，可以燎原”。始终对革命保持乐观，始终不断去探索新的道路，这也是如今我们该去学习的精神。新时代井冈山精神仍有它的现实意义，仍能激励我们不忘初心、继续前行。傍晚我们到达神山村，神山村群山包围，翠竹环绕，小溪穿行其间，院子错落有致。一到神山村，便能感受到清新自然的空气，听见蝉鸣蛙叫和潺潺流水声，让我觉得“久在樊笼里，复得返自然”。外面的纷纷扰扰，到这里就平静消散了。这几年神山村基础设施发展很快，路越来越宽，卫生越来越好，房子越来越漂亮，村民们感觉越来越幸福，大家的日子也过得越来越红火。近两年，神山村又开始发展精品民宿。我们参观了刚建成不久的初心小院，投资人租借当地百姓的房屋，在不破坏原有建筑结构的前提下打造民宿。之前我也住过许多民宿和青年旅舍，大多数民宿都会根据当地特色或自己的风格进行装修，初心小院则融合了神山村的特色，保留了很多传统工具，布置巧妙，给人眼前一亮的感觉。而民宿建成使用后，房屋主人也享有分红，或许这将是神山村旅游业一个新的增长点。

而让我感触最深的还是神山村民们的热情纯朴，在路上遇见大家都会亲切地打招呼，去到村民家里他们都会热情地让我们坐下。去到周山组时，一位村民将我们领到屋后，请我们品尝山上流下来的山泉水，山泉水又甜又凉，那一刻感觉心里也甜了起来。也有老乡请我们品尝家里做的黄桃干，给我们泡自己种的茶，让我们十分感动。如今的社会，发展节奏变快，人与人的关系也变得淡漠起来，而在这个小山村里，人与人之间都还保留着一份真意。

经过这几天的调研，我越来越明白“实践出真知”这个道理，要了解真实情况我们就必须深入到群众里去。同时“兼听则明，偏信则暗”，我们要去听不同的声音，并在客观事实基础上做出理性的判断。驻村调研能够让我们更加贴近现实，接近事实，真理将会越辩越明。

历历在目目风貌，切身体悟悟人情

徐林芳[①]

一行六人，驻村调研，亲近“神山”人家，用心去体悟，仿佛真真切切地融入这个小村庄。行走在路上，和社团的其他五位小伙伴一路交流一路聆听，秀美风貌历历在目，人情暖热感悟心间。

第一次与神山相遇，映入眼帘的是一幢幢整洁干净的客家小楼，涓涓溪流带动着桥边的水车不停地旋转，和着潺潺流水声，颇具“世外桃源”“小桥流水人家”的优美意境。在神山村神山组，陆陆续续来此参观的游客为这里增添了大量人气、财气、精神气。房屋内外及各处的宣传展牌上，张贴着领导人来访慰问群众的照片，这些让行人潜移默化之间受到了一番精神的洗礼，无一不感慨党扎扎实实“深入基层、深入群众、为民服务”的情怀。马路边上的人家早早摆出桌子、凳子，时有游客路过停下脚步尝碗本地凉粉，吃完都赞不绝口。还有些村民屋檐下的摊子上摆着竹制工艺品，精巧的做工吸引了不少游客

① 江西师范大学马克思主义学院本科生。

驻足把玩，游客们遇到喜欢的便欣然买下带回家。“糍粑越打越粘，日子越过越甜”，糍粑作为神山村的一大特色，既然来到这儿，自然都想要亲口尝一尝这特色美味，但是对于游客来说，吃倒还不是最主要的，亲自拿起棒槌你一下我一下体验糍粑制作的过程更是妙趣横生。

神山村的另一个组——周山组，少了几丝商业气息，却让我们领略了另外一番风土人情。太阳照在屋顶上留下成片阴影，村民们围坐在家门口，手上做着些日常杂活，不时话话家常，呈现一幅惬意闲适的古朴画面。想起费孝通在《乡土中国》中说的一句话：“乡土社会是一个熟悉的社会，没有陌生人的社会。我们靠亲密和长期的共同生活来配合行为的，我们和邻里之间相互熟悉，从熟悉里得到信任，大家就像一家人一样，安安稳稳世代生活在一个村子里。”看到我们的到来，村民连声招呼我们进屋坐，拿出家中特制的茶叶，秘制的杨梅干、黄桃干，自家种的脆黄瓜，此情此景让我们万般感动。这让我联想起了自己土生土长的小村落，同样环山的地貌，同样崎岖的道路，同样淳朴的民风，“生于斯，长于斯，死于斯”是生活的常态，单一的生活模式、熟悉的生活人群、稳定的生存空间，一块能用脚步丈量的土地。在我从小生活的小村庄，街坊四邻都是一家人，谁家有事吆喝一声，亲人们齐上阵，谁家夫妻吵个架就会去劝，谁家农活忙不过来了也会帮忙，谁家当季的瓜果熟了会分给小孩子们吃，完了大家还会互相道一句，咱们都是自己人。

脚上粘了多少泥土，心中就怀有多少深情。与普通老百姓待的时间越长，愈加有不一样的感慨与收获，这与“若想了解一个城市，就去乘马车”的道理是一样的。待的时间久了，自己好像也成为这里的一分子，上上下下、来来回回，渐渐熟络起来，纯朴的村民都把我们当成自家人一般热情地跟我们打着招呼，一股股暖流涌上心头。臧克家的《三代》中如是概括：“孩子在土里洗澡，父亲在土里流汗，爷爷在土里埋葬。”但是，目之所及，对比之下，我想这早已不是以前的农村，人们对土地的依赖程度早已不如往日，以前土地是农民的全部，现在土地只是农民的一部分，还有很多高附加值的副业产品提升了农民的生活水准。

当然，任何事物都有两面性。在费孝通看来，中国乡下暴露出了最大的毛病——“私”，同时他也指出中国人“私”的毛病是有章可循的，“差序格局”便是对中国乡下“私”的一种生动概括。当前在神山村，其实不仅仅是神山村，由于过去“小农思想”根深蒂固，一时半会儿想要扭转人们的思想观念是不太可能的，所以目前在中国农村的很多地区，还存在着“差序格局”。尽管当前农村还存在着的一些问题在某种程度上会阻碍社会的整体发展，不过随着科技的日新月异，人们的思维观念也将会更新换代。就像今日的神山村与昔日的神山村一样，这便是与时俱进，这就是乡村发展。

每一段旅程，只要全身心投入，总会满载收获。倘若浮光掠影、蜻蜓点水，就只能看到一闪而过的表象，而要想透过现象看到本质就应该真抓实干、从实践中来到实践中去。在这段井冈山驻村调研实践之旅中，除了沿途的山水美景、风土人情，让我感触最深的还是人际沟通。人和人之间只有真诚才会变得亲近，什么话都不藏着掖着，拿出来说才能真的拉近彼此的关系。就像我们在和村民聊天的时候，为了更加了解村民的真实想法，我们必须让百姓感受到我们的真诚，我们之间才能够产生信任，我们也才能够获取我们所想要得到的信息。

神山归来，念念不忘；此番之行，获益匪浅。这一段珍贵的时间，我不仅学习到了许多实践知识，还会尝试着结合课本上的理论知识，用书本上的方法论来更好地指导现实的实践。总而言之，这次驻村调研经历让我的大学生活有了不一样的厚度和深度，为我今后的学习生活积累了许多宝贵经验，我相信——念念不忘，必有回响！

融入村民，领悟神韵

林怡强[①]

历时六天，神山村的驻村调研就要告一段落，在这段时间里我收获满满。虽然自己家在农村，但自从初中寄宿后，对于乡村的情况了解并不多，而这次来到神山村，让我对乡村的生活有了一种全新的认识。神山村，一个四面环山的村庄，与外界的联系较少。2016 年习近平总书记的到来，神山村在他的鼓舞以及各级领导的帮助下发挥自身的资源优势，这个贫困的小山村发生了翻天覆地的变化。

这几天在村里走访调研，农户都非常热情地招待我们，亲切地邀请我们去他们家参观，我们聊了很多。村民们脸上都洋溢着幸福的笑容，当我们询问他们现在是否幸福时，他们都频频点头说比以前好了千百倍。看到农户们那么开心，我们的心里也很高兴。

从村里的干部班子到普通村民，从神山组到周山组，我们每天的行程都很紧凑，虽然辛苦但了解到了很多真实情况，听到了很多不同的声音。

通过这次调研，我收获最多的是对实践的认识，以前总觉得实践就是去体验，而这次来到神山村调研才知道，实践就是要亲身去经历，去发现问题，再尽自己所能去解决问题。其次就是对于事物认知方式的变化，以前对于一个事情自己可能认识得比较片面，仅从自己可以直接获得的层面去分析问题。就比如在调研过程中，同样一个问题，村民的看法和干部的看法也许完全不同，而我们作为一个旁观者，如果没有了解到双方的看法，得出的结论往往会偏向倾诉的一方，就会

① 江西师范大学商学院本科生。

比较片面。非常感谢红色原野调研社的这次活动，让我在调研的过程中不断收获，在此也希望我们调研社发展得越来越好。

研途之景，尽收眼底

周 琪[①]

神山村——一个风景如画的小山村。一到傍晚各家各户开始做饭，近处炊烟袅袅，这个小山村仿佛蒙上一层神秘的面纱，等待着我们去揭开；远处晚霞满天，强烈的视觉差异给人一种舒适又美好的感受。

在神山村的这几天，当地百姓的热情好客和纯朴让我深受感动。我们看到有农户坐在外面，就马上过去问好，他们看到我们都会非常热情地搬凳子出来招呼我们坐下。当我们向他们说明来意，他们也会很乐意与我们聊这里的具体情况，特别是有些问题需要思考后回答，他们会很认真地回答我们。有时如果有几个人坐在一起，他们还会互相纠错，进行激烈的讨论，尽量给我们一个准确的答案。这种实事求是的精神非常难得，因为在很多时候即使我们去了，想要听到真正的声音也有一定的难度。中国讲究熟人社会，毕竟我们“不熟”，很多人都觉得不靠谱不能说真话，或者有些话不能随便对外人说。但他们不会，他们觉得只要是对当地有帮助，问题确实存在就会实事求是地告诉我们。

当地干部做事非常用心，干部班子有作为是推动当地经济发展的重要前提，在调研途中我们遇到了当地的乡镇驻村干部，他一眼就能看出哪个不是本村人，而且对村里的事务非常了解，村级情况能脱口而出，乡镇干部本来在乡镇有一些工作，但他对村里的事情也非常了

① 江西师范大学马克思主义学院、苏区振兴研究院硕士研究生。

解，这让我有点惊讶。后来发现他基本每天都会来村里一趟，与每个农户的关系都非常好，农户见到他，都会很亲切地叫他李部长，并与他像朋友一样聊天。当地的村干部班子工作也很认真，村委会每天都有人值班，只要民众有需要他们就会积极响应，而且还积极地引进产业，比如一个专门投资民宿的投资商来到这里，把农户不用的旧房进行内部装修，加强基础设施配套建设。村级干部与投资商协商后，投资商除了每年付一定的租金给农户外，还会给分红，一间房间有客人住了一晚能得到 10 元分红，这样很好地将农户的利益与投资商的利益捆绑在一起，当地农户也会更加积极支持民宿的改造工作，从而更好地促进当地民宿产业的发展。

就当地产业的发展情况而言，产业发展是当地经济发展的关键，支撑一个地方经济发展最主要的就是产业。之前的神山村主要依靠简单的砍伐毛竹，卖原材料为生，每家每户只能解决温饱问题。而今当地的能人通过种植黄桃和茶叶，带动当地产业的发展，增加当地的就业，还有就是民宿和旅游产业的发展也吸引了很多在外务工的农户返乡创业，进一步为家乡做贡献。

这次来神山村驻村调研是我第一次一个人带领一个团队在村庄待一个星期，以前我觉得自己一个人去调研很方便，研途的风景也很好，但这次的团队调研活动让我觉得团队的力量是无穷的，团队发挥的作用很多时候是自己不能想象的。所以很感谢学院有这么好的平台能让我们出去走走，真正感受社会的变化，并在这个过程中不断锻炼自己；也感谢当地各级干部对我们工作的支持和帮助，让我们少了很多阻碍，更好地了解了当地情况；还要感谢一路上一起走过来的小伙伴，大家互相帮助，互相学习。

第二篇

学生自主返乡调研所思所悟

《农民工交通出行使用互联网情况调查》课题调查感言

胡　丽[①]

在参与此次调查的过程中，我深深体会到了调查的艰辛与不易。这次调查丰富了自己的人生经历，也获益良多，在此浅谈自己的经验与感受。

首先，调查需要勇气，敢开口。由于调查的主体是农民工群体，考虑到这个群体的特性，我们大多需要现场调查，指导他们填写问卷。人对于未知的事情都有一种恐惧心理，当我们需要去做一些事情时，战胜自己是我们需要做的第一件事情。面对陌生人，如何搭讪，如何得到理解，如何处理未知的事情显然都不是那么简单。在车站，车上遇到的那些人，是不是农民工，会帮忙吗？这不仅考验的是调查者的眼力与勇气，还有心态，毕竟十有九败也是常态。屡战屡败，屡败屡战，到了最后，一切也就显得不那么困难了。

其次，调查要学会耐心倾听，及时沟通，总结经验，不断改进策略。认真倾听他们的话语，明白他们的顾虑是什么。如何打消他们的顾虑，让他们参与调查，看起来很简单的一件事情，做起来却需要运用很多心思与技巧，也会面临很多复杂的情况。每个人面对未知的事情总会顾及很多，倘若他们愿意参与调查，是我的荣幸，倘若拒绝，也不过是人之常情。我已经尽力去说服他们，已经从他们的角度考虑了最好的处理方式，我知道还有可以改进的地方，但这是我就目前而

① 江西师范大学政法学院本科生。

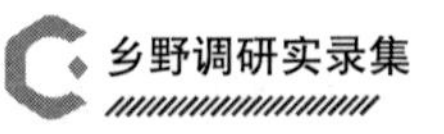

言能做的最大努力了，即使不成功，也不会觉得灰心，毕竟失败是成功之母。

最后，调查应该给予对方尊重与理解。我调查的农民工相对来讲知识水平较低，对于部分词语，他们不知道如何理解。这份问卷并没有涉及很多专业术语，很好理解，这也从某种程度上方便了调研。他们的表现，我觉得可能是从心底对自己缺乏信心，在知识面前没有底气。要认真算起来，我懂的未必就比他们懂的多。对于他们的职业与选择，给予尊重是我应该做的，他们的处境我能够理解。

回想夜晚的火车上，地上坐满了人，歪歪倒倒，颇为心酸与不易。从他们的口中得知他们基本都买硬座票或者买无座票，因为这样花费较少。即使无座会辛苦一点也值得，对于他们而言，能回家就好。他们的乘车总时间，有的是十几小时，有的是四十多小时，还有的从北方城市的起点站坐到南方城市的终点站，这些人之中，大部分买的都是无座票。上大学后，我每年都需要经历四次的长途客运，因此对于长途乘车的艰辛很清楚。我觉得乘坐绿皮火车是最辛苦的，较慢的速度，杂乱的车厢，这种硬座车厢的艰难我深有体会，要是赶上春运，那拥挤的程度更是可想而知。当然，如果你运气好买到了硬卧票，很多难题也就迎刃而解了。

我发现农民工最多的地方是硬座车厢，买长途站票的人之中有一半是农民工。春运的时候，在买无座票的人之中农民工占一半以上。作为学生，可以提前在网上购买专门的学生票，也可以等到能够购买火车票后再购买，可以说基本不担心自己回不了家。上次春运的时候，有位农民工说，自己提前几天购买了火车票，但是只有无座票。

这固然是一次特别的经历，但要从中有所感悟，使之对自己的成长有所帮助才更有意义。回顾整个调查过程，我发现自己的沟通交流等能力明显需要锻炼与提高，我发现自己需要多关注社会，关注周围环境的变化，不要变成“书呆子”，要提高自己的知识水平和专业技能。当然，更重要的是保持一种积极向上的心态，保持一颗发现真善美的心，并不断提升自己。

此次调查发现环境对于人的影响确实很大，我暗暗告诫自己要为自己塑造一个好的环境。你会发现很多优秀的人已经将优秀当成了一种习惯，而我可以从现在开始。这次调查也让我对于自己的未来有了比较清晰的规划，对自己的情况也有了更进一步的认知，也让我成长了不少。我想，以后再有人让我填问卷或者请我帮一个力所能及的小忙，我会认真许多，或许是因为理解所以尊重吧。我想以后我对于细小的事物也不会再持有那种无所谓的态度。事实证明，细节可能真的会决定成败。我想，以后自己的态度会摆正，会更注重自己的成长与发展，相信自己会更好。

农民工回家的车票

李官平[①]

第一次做调查研究，幸得好友的介绍才能参与。在此过程中，遇到过各种问题，也有所感悟。

首先是关于准备工作——问卷的设置。原本以为问题都是自己直接设计好，发问卷给大家填写。事实并非如此，通过学姐之口，我才知道在设计这份问卷时，学姐已经在火车站蹲了好几次点儿，与农民工进行沟通交流，了解他们在交通出行方面遇到的问题及互联网对其交通出行的影响。除去克服天气炎热的困难，最为关键的是如何消除农民工的顾虑，使之相信并且配合我们。问卷问题的设置都是经过精心考虑，不断修改完善的。通过设置问卷，我懂得了不管是做调查还是学习研究都要有严谨认真、细致耐心的态度。

---

① 江西师范大学文学院本科生。

其次是在发放问卷、收集有效数据时遇到的困难。原计划是打算在回家的火车上收集尽可能多的有效数据。但在车上一看一问，发现几乎都是暑假放假回家的学生，几乎没有收集到有效数据。询问时，对于此类调查有人表示理解，也有人表示不屑。有人认为就算做了这调查，你们只是大学生而已，又能从实际上改变什么呢？不过我认为调查就是为了了解现象，查明现象背后的本质，然后更加合理地解决实际问题。如果看不清本质又谈何从根本上去改善实际情况呢？

为了尽量地提高问卷的有效性，在让大家填写问卷时，我主要是将问卷发至家族群、村群，也会让同学发给他们的父母填写。这可能是我做得不够的地方，没有面对面地去跟农民工交流，去了解他们更多的想法。

在调查过程中，与人的沟通能力尤为重要。我在调查时发现大多数人都有较重的防备心，很多人都怕是骗人的，怕泄露个人信息。不过，只要以诚心相待，还是比较容易获得农民工群体的信任，一旦相互信任他们便很容易打开“话匣子”。

希望社会能给农民工群体更多的理解和尊重，给予他们更多的关怀和关注。

回家的距离

叶玉芳[①]

当初在参加这次关于农民工交通出行问卷调查的时候也没想太多，甚至我还不清楚农民工的定义。在问卷进行的时候，也有很多人问我什么是农民工，为此我查找过很多资料。网上答案也不一，我们在

① 江西师范大学外国语学院本科生。

进行问卷调查的时候，参考的是在工地里和在珠三角一带排班，俗称“两班倒”，且在类似广东一带制衣厂、电子厂之类地方工作的人就是农民工。

在前期讨论的时候，学姐就给我们支了招，火车上人流量比较大，也是农民工经常出现的地方，调查问卷回家坐火车的时候填。可是第一天的经历很不愉快，从南昌到赣州的四小时中，我几乎没有调研到一份有效问卷。

由于线下调研不理想，我就转为线上调研了。我爸爸的圈子有挺多都是农民工，但是进展不大。因为我发现居然很多人都没有智能手机，或者不会用微信。扫码也遭到很多人的质疑，他们之前基本不接触二维码，对于新鲜事物会不自觉地拒绝，并且之前还听过谣言说扫描二维码会使手机中毒，所以收效甚微。我还发现一件事，有很多人是不需要坐汽车、火车的，共享单车跟滴滴打车也用不上，因为他们平时出远门少，平时走动自己也有摩托车。

之后我又去了一趟汽车站跟火车站，汽车站人很少，候车厅大家都在睡觉，我们一无所获。幸好火车站离得不远，我们又打起精神去了火车站。火车站的售票处人并没有很多，还不及散落在四周人数的一半。有许多人蹲在四周，还有人就着袋子直接坐在地上靠着墙，还有人聚在一起打牌打发时间。毫无疑问，我们一开始当然是不顺利的，但是我们厚着脸皮跟人家聊天倒也不至于不受欢迎。记忆最深刻的是有个大叔坐在地上，他说他是外地的，在新余那边的工地上干活。每次回家都要坐十几小时的车，还要提前半天来买票，买好了就一直等，中间饿了就吃面包，因为周围的店铺太贵了。回一趟家要花上两天的时间，当被问及为什么不在网上购票时，他表示不会操作。我们说可以让家里的孩子教，他说孩子已经出去打工了，回来也不会教自己用。当我们问为什么不使用网络购票的时候，很多人都表示不会操作，不识字的有，不会玩智能手机的也有。

如果不去深入调研，我大概不会相信，在这样一个网络高度发达的时代，还有一群人对网络的认知不高。希望大家以后遇到了，即使他们有不当的行为，也试着去理解，不要提前就给他们贴好标签。同时也希望这个群体，能得到更多的关注和关怀。

与老舅的交流心得

叶玉芳[①]

这次调研活动给予我第一次跟老舅单独并且可以说是深入接触的机会。老舅跟我印象里一样，精神矍铄，爱抽几口烟。

老舅钟爱文学，尤其爱读诗词曲，他总说读这些很有趣味，我记得这句话他大概讲了七遍。他举到白居易《卖炭翁》还有《观刈麦》的例子时，眼角湿润了，他说这里写得特别好，“力尽不知热，但惜夏日长”，大家农忙的时候不就是这种感觉么？希望时间长一点，稻子多一点，不怕自己有多辛苦。还有卖炭翁自己穿得单薄，还希望再冷一点，这样买的人就多一点。这些看似矛盾的语句却真真正正地写出了劳动人民的生活状态，一笔一画是状，一字一句是情。他也是终身学习的践行者，他许多东西都学得深、学得好。年纪大了，干不了什么，就读书、写字。读的是古典，从诗经到鲁迅，每一个时代的代表作，无一不读，遇到喜欢的还要背下来、写下来，文学的历史轨迹都在他脑子里；他还会记录自己对音乐的学习心得，每一页都有小标题，有章有行，就是一本手抄本。

回归到调研，我一开始先把问卷给老舅看了，然后跟老舅妈聊了一会，严格说起来，这也是我跟老舅妈的第一次交流。当静下心来去看的时候，就会发现老舅妈也是一个很有趣的人，起码比我见

① 江西师范大学外国语学院本科生。

过的很多同龄人有趣得多。在我跟老舅问答的过程中，她时不时地加以补充，虽然表面上她的回答会略显多余，但实际上却恰恰相反，她的回答很多时候都加深了我对事情整个过程的了解和理解。并且因为她也是家里的劳动力之一，对事情的看法会有不同的角度，所以为看待事情提供了不同的维度，这对我写报告有很大的帮助。老舅的回答也一样精彩，他回答的时候就能串联到很多后面的题目，记忆力相当好，也很有系统性，讲问题通常是会说到前因后果，来龙去脉，将自己的经历或者是听说过的、看到过的例子拿出来说，讲得很生动，当时我听着就有一种古老的气息扑面而来，仿佛我也回到了那个时代，我也属于当时社会的一员，我也跟他一起经历那一场改革。

到最后我要走的时候，我跟他们一起拍了合照，当时老舅还感叹手机拍照的便利。其实我真的觉得所处时代、经历的不同会产生另一种角度，所以他们不像我们会把拍照当成理所当然的事。然后我们还一起站着又聊了大半个小时，老舅说一定要多看书，把书里的东西转化成自己的，教书也是这样，把客观的东西变成主观的，上课你才能上得好，别人偷不走、抢不走，这些东西才能陪伴自己。然后读书要读精，人的精力和时间毕竟还是有限的。然后在娱乐这一块我也有了新认识，我打算学习音乐，其实以前就有想法，但是看到老舅这么大年纪，这种东西依然能够陪自己、娱乐自己，真的很好。老舅对中国的发展很有信心，无论是教育、就业、社会保障，还是其他方面的发展，他一直强调要好好利用这样一个好机遇。他的说法让我对中国的现状有了不同的看法，觉得自己需要反思的地方太多了。

总的来说，感谢这次调研，在这一过程中，我了解到中国的发展历程，并且意外地发现了老舅的智慧，这真是一次宝贵的经历。

时光粗糙，调研美丽

徐　丽[①]

暑假有幸参与调研，这使我在这暑光漫漫的日子里，不仅增添了一份知识，更收获了一份成长。

一、调研前

拿到调研提纲手册的情景我至今还历历在目。当我接过它的时候，那种分量是带着历史的庄重与岁月洗礼后的积淀的。调研远没有我想的那样轻松单调，它要学习、要了解、要倾听、要整理……这些紧迫与意外，既加重了我的压力，也在另一头悄悄打开了我好奇探索的天窗。怀着这样的心情，我踏上了调研的路。

二、调研中

前期的准备工作已在紧锣密鼓中接连完成，走在乡村的小路上，我的心绪随着这脚步声时重时轻、时缓时急。面对老者，会有各种各样的难题，会怕人家厌烦、不配合，会担心自己处理问题不妥当，也会焦虑沟通中存在的障碍与隔阂。但我会在有时的“鸡同鸭讲”“风马牛不相及”中找到一份别致的乐趣与感悟。其实，这些饱经风霜的老人，他们能够告诉我们的、教会我们的，远高于书本的厚度，远大于我们年龄的深度。在这些交谈中真的获益良多。我时常会感慨老人们

① 江西师范大学政法学院本科生。

当年生活的不幸，也会每每惊讶于生活的苛刻与不易。他们之中有农民、有村干部等。

三、调研后

调研是一场漫长的拉锯战，它会在采访的深入实地、整理的侧耳倾听、报告的应接不暇之中一点点地削去你曾经自以为是的耐心……总之，它会无孔不入地钻进你的生活，会让你不时想起《软埋》中三知堂的密道、土改小组的脚步、生产队上的公分、那些干瘪褶皱的脸庞和絮絮叨叨的话语等，挥之不去，深入脑海。

调研真的是一个很奇妙的过程，它会将你曾经在历史书上看到的文字，真真实实地，甚至是一字不差地，由当事人在你的耳边，加上几笔个人生活的渲染，在夹叙夹议、平铺直叙中悄悄溜入耳海。

也许，我们每一个人都曾经如此地靠近过历史，只不过，少了那一份探索倾听的心。

问卷调查感悟

郭丽艳[①]

大一的第一个暑假，红色原野调研社开展了暑期调研和问卷调查活动。为了提高自己的能力，我也加入了问卷调查活动的行列中。作为一名即将进入大二的学生，我觉得这是一次提高自己交流能力和与社会接触的好机会，但是，对于第一次做问卷调查的我来说，这也是个挑战。

拿到问卷后，我大致浏览了一遍，发现里面有许多生僻难懂的词

① 江西师范大学政法学院本科生。

汇，为了更好地做好此次问卷调查，我给自己列了一个简单的步骤。首先，我把问卷仔细地看了一遍，然后将自己不懂的以及调查对象可能不懂的词写在本子上，并在网上查找其意思并做好记录。紧接着我确定了调查对象。由于是第一次做问卷调查，没有经验，并且个人胆子比较小，所以我决定从周围的亲戚和朋友入手，这样可以减少一定的难度。由于第一个月比较忙，我的问卷调查是从第二个月开始做的。

我的第一份问卷的调查对象是自己的父母，一开始父母听说我要给他们做调查都笑了，我顿时打了退堂鼓。可是，这是自己的选择，一定得完成，我把心里话说给父母听后，他们答应了。吃完晚饭后，我们围在桌子旁，我将问卷的内容念给他们听，可是身为农民，有许多词汇他们都听不懂，幸好我做了这方面的准备，把他们不懂的词解释给他们听。大约半小时后，我的第一份问卷终于完成了，虽然第一份做得不是很好，但是，我已经有了问其他亲戚和邻居的勇气。

第二天，我鼓起勇气，向邻居表达了做问卷的请求。可是，当他们听说可能要半小时的时候，就以没有时间为由拒绝了我，就在我感到了一丝丝的灰心准备转头就走时，做第一份问卷时爸妈的举动让我再次鼓起勇气。我转回头礼貌地问邻居什么时候有时间，又或者能否在他们吃饭时边问边聊，见我满满的诚意，邻居最后答应了我。“以笑容覆盖一切困难，以真诚打动他人”，那一刻真有一种说不出的激动和感激之情。同样地，在做第二份问卷时遇到了和第一份一样的问题：难懂词汇太多。除此之外，有些问题过于详细或过于私密，他们不知道或者不愿意说出来，我尝试着向他们解释这只是个问卷调查，用于研究，不会泄露出去后，他们才配合我完成了问卷。

做完亲戚和邻居的问卷后，我实在不知道该找谁了，就向好友诉说，她为我提供了一个新方法：网上调查。所以，我将问卷拍好照片，发给自己的好友，通过好友来问她们的父母。但是，事情并不是一帆风顺的，有些好友一看问卷那么长，就婉言拒绝了我。不过，经过我的劝说和恳求后，还是顺利地完成了几份问卷。

通过此次的问卷调查，我对此事件也有了自己的看法和总结。从两方面来说，一方面，问卷设计有一些不合理的地方。第一，难懂词汇太多，调查对象都是农民，文化水平都不高，对词汇的理解存在很大的问题和差异；第二，问卷中有些问题过于详细，比如“该村人口有多少户、多少人、常年在家务农多少人”，这些问题普通农民根本就不知道；第三，问卷设计太长，耗费时间较多，增加了调查难度。另一方面，对我个人来说，通过此次活动，我有了不少收获。第一，接触了一些新的词汇，增长了知识；第二，增进了与父母、亲戚和邻居之间的交流，在做问卷的过程中，我了解了他们的一些家庭状况和想法，以及农村的一些变迁；第三，提高了自己的交流能力和解决问题的能力，以前的自己遇到问题就想退缩，而现在能够尝试着去解决它；第四，考虑问题更加仔细了，比如做问卷之前我能先将生词做好记录，这就比我以前做事考虑得更加周全了。

最后，这次的问卷调查令我受益匪浅，我懂得了坚持的重要性，不管什么时候，都不要放弃。面对困难时，要有积极乐观的心态，虽然挫败的情况会经常走到我们的身边，但是，只要我们好好总结，把问题找出来，就一定会有新的大门向我们敞开。这次问卷调查获得的教训和经验，我也会将它们运用到生活和实际中。

心怀感恩，锻炼自己

刘　嘉①

调研之前其实我就做好了要面对无数种问题的准备。虽然在爷爷

① 江西师范大学政法学院本科生。

的帮助下，调研开展得挺顺利，但美中不足的是时间没达到高标准。因为村里年纪大的老人大都不认识字，我找不到合适的人选，所以我只做了一份就结束了。可是这简单的一份对我来说是弥足珍贵的，我很感谢老人能够抽出宝贵的时间来回答我的问题。

当他们回忆起过去的家庭经历时，诉说语气很平淡，似乎是时间和年纪给了他们这种对于生活的宽容和释怀，可是我能看到他们的眼眶中泛起的泪花。我虽不忍激起他们对那些伤感往事的回忆，但又很想了解属于那个年代的过去。

处于自由、和平年代的我们，经常容易因为一些小事情而抱怨连天，可如今听了他们的往事，我觉得这些都是不值一提的。他们当时吃不饱穿不暖，更别提能够买到自己喜欢的东西，可是他们从来不责怨生活和命运，历经多年生活的沉淀后留下的是一个个质朴善良的美丽灵魂。

我想起自己初次签下这份合同的初衷，是因为喜爱自己的家乡和这些质朴的家乡人。我想我也能够通过自己的力量留下这个村的历史，虽然如今没有实现，但我并不后悔，我知道在这短短的经历中我收获到了什么，我也相信日后还有机会能够实现！

接下来我想谈谈自己在调研过程中的一些经历，因为有了爷爷的帮助，重要的问题能够顺利完成调查。老人在土地改革时才十多岁，所以能记住的不多，可我觉得还是收获颇大。老人很热情也很通情达理，热心地为我解答了自己能够记得的问题。在调研过程中，有一个最大障碍就是方言，这个问题导致我和老人们沟通的时候受到了一些阻碍，不过因为有爷爷在，这些问题也就迎刃而解了。另一个问题来自我自身对于这段历史了解的局限性，由此我也吸取了教训，下次调研之前还是要把书认认真真看完并且尽量去寻找村志或镇志以便了解当地土地改革的历史，因为毕竟各地区的土地改革时间和过程都是有区别的。

量变到质变，贵在坚持

周　琪[①]

今年寒假是我第三次参加调研，每次调研都有不同的收获，每次调研都是一种成长。第一次调研很多东西不会，只能自己慢慢摸索。当时整理一个老人两三万字的口述史需要花费四五天，做的还不合格，后期需要各种修改，而如今所有流程几乎熟透于心，确保一定质量的情况下一天整理完一个老人的口述史，还有剩余的时间帮学弟、学妹审核并修改他们资料的格式。

今年的调研对于我来说比前两次更困难，因为我自己有一个课题需要去实地调研收集资料。而且这次调研的项目我以前寒假已经做过，当时我找到了七位老人，他们都是我们村庄很能说、很会说、思想文化水平比较高的老人，而今年想要在我所在的村庄采访到合适的老人比较困难。当时有人劝我放弃，让我把负责人的工作做好就行，但是我想作为负责人就更应该坚持下来，认真做调研，给参加调研的同学们树立一个榜样，他们在调研的过程中遇到了什么问题我也能很好地给他们提供一些意见或建议。

从浙江调研回到家，我就多方打听，到隔壁的村庄寻找老人，功夫不负有心人，最终找到了几个适合采访的对象。但不幸的是可能我选择的时间有些不妥，调查时有两位老人，我去了他家里两次，两次都没有人在家，直到第三次，老人才在家，很庆幸他们都很愉快地接受了我的访谈。

总体而言，大部分老人都很热情、很乐意跟我聊那段历史，在访

① 江西师范大学马克思主义学院、苏区振兴研究院硕士研究生。

谈的过程中我也更好地了解了当时的社会情况。当我把访谈工作做完时已经是腊月二十七。接下来我又继续整理自己课题的资料，因为学校开学比较早，回到学校我立马花了一周左右的时间把口述史整理完，紧接着开始审核参加这次调研的同学的资料结构。

经过这次采访，我更深刻地体会到好事多磨这个道理，寒假的各种奔波，与不认识的老爷爷交流聊天，与调研的各位同学交流以及对后期资料的整理，都让自己的写作能力和沟通能力得到了很大的提升。最后感谢学校组织此类活动让我在调研的路上一步一步成长。

合作化口述史调研日志

刘凤萍[①]

爷爷是我这次调研最大的帮手，我采访的三位老人都是在爷爷的帮助下才找到的，而且采访每位老人的时候爷爷都在身边，通过自己的讲述来唤起那些老人尘封已久的记忆。最重要的就是爷爷把他自己保管了几年的一箱会计账簿捐献给了中国农村研究院。

爷爷是当时大队的会计，据爷爷说大队的级别要比那些生产小队的高，所以那个时候爷爷不仅要管理那些生产小队的会计账目，还要管理整个大队的会计账目。采访完爷爷的当天，我们就去老房子里把他之前的所有账簿都搬出来了，看到那一箱用当时的旧报纸完整包好并以年份分类的账簿时，我顿时觉得爷爷在我心目中的形象又高大了几分，尽管这几年他越长越矮。

我把所有的账簿和其他的政府文件都装进了蛇皮袋子中，整整装了三个蛇皮袋子。

---

① 江西师范大学马克思主义学院本科生。

从村里运到乡里的快递点可不是一件易事，但是为了中国农村研究院的研究事业和爷爷的心血不被辜负，我努力把这三个蛇皮袋子的资料拉下山了。

村里的人都叫爷爷生欣会计，叫了一辈子，只要在村里说出，我是生欣会计的孙女儿，就感觉受到全村人的尊敬。

采访完爷爷之后，爷爷就带我去了一位 88 岁的老人家里，去的不巧，当时那位老爷爷去散步了。他家还是那种瓦房，进去之后，客厅还有一个天窗，里面的房间非常暗。问卷将近做了一小时，第一份问卷不太熟练。问卷做完，刚好老爷爷也回来了，手里还提了一个蛇皮袋子，他一直看着我，对我感到很陌生，直到我爷爷开了口，他才跟我们熟络起来。将目的说清楚之后，就开始了录音。几小时下来，令我印象最深的就是那首用我们的方言读起来朗朗上口的打油诗，生动形象地概括了农业合作化时期干部和社员生活的区别。

还有一位 90 岁的老爷爷，是我们在街上遇到的。老爷爷有两个儿子，一个女儿，现在和小儿子一家生活在一起，但是小儿子常年在外。爷爷对我说那位老爷爷非常健谈，但是在访谈过程中，我发现老人家并没有爷爷说的那样健谈，不过在爷爷的引导下，我们还是很顺利地完成了访谈。

最后，我们将采访过的老人家关于合作化的记忆整理成文字，与感谢信一起留给他们做纪念。

调研初体验

李靓怡[①]

这是我第一次调研，心里既忐忑又激动。一方面，忐忑是因为这

① 江西师范大学马克思主义学院本科生。

是我第一次参加“百村观察”的调研实践活动，害怕自己不能取得满意的结果，或者担心在调研的过程中会遇到自己不能解决的问题；另一方面，我感到无比激动，因为我即将踏上一段未知的旅程，这是一次良好的锻炼机会，更是一次有意义的实践活动，我相信在这次调研中，我可以得到成长和收获。调研前一个星期我已经准备好访谈的内容，提前了解了合作化。所以，我首先选择的调研点就是离我家较近的溪背村。

经过几天的了解，我先确定了四个符合基本条件的老人。2018年2月4日，这是我调研的第一天，我先来到了吴奶奶家里进行采访。可能由于这是调研迈出的第一步，所以访谈过程中还是出现了提问时生硬不自然的现象，幸亏老人和蔼可亲又有耐心，所以减少了一大部分紧张，算是发挥正常。但是访谈了两小时后我发现结果不是令我很满意，因为很多细节老人都不记得了，尤其是提及相关数据，老人都不能说出详细情况，只能记得大致的情况。因为调研数据不够详细，所以只能作废。但是我却从这第一次采访中得到了经验和教训：在访谈的重要问题上要先标注重点，访谈前理清思路，访问时随机应变，在采访老人之前还得先问一些细节问题，试探老人还记不记得，能不能说出相关数据，最后才能决定是否开始访谈。2月5日，进行调研的第二天，我根据奶奶告诉我的地址，找到了另一位我要采访的老人：杨桂英奶奶。这次访谈可比第一次访谈顺畅熟练多了，而且毫无紧张感，更多的是在愉悦轻松的氛围下进行的，可能与开阔的环境和明媚的天气有关。老人在回忆合作社刚成立时，还唱起了当时入社时演唱过的歌，听着老人开心的歌声，我也感到无比开心。就这样，我和老人在开心的氛围下进行了两小时的访谈。当然，这次访谈的结果让我很满意，回到家吃饭都吃得更香了。接着第三天和第四天的访谈都比较顺利，可能因为前两次的访谈经历，我已经有了一定的经验，所以这两天的调研，都很顺利地完成了，并且得到了满意的访谈结果。

直到 2 月 12 日，相距上一次采访，已经过了 6 天。大概是因为前几天调研太顺利，还没遇到“瓶颈”期，所以现在困难来了。采访完前几个老人后，一直找不到合适的采访对象，这 6 天我是既焦急又担心，我怕自己完不成任务。家人说要不就采用第一个老人的采访，但是我拒绝了，因为我觉得既然做了就要做好，没有达标的或者质量不高的就不能将就采用，然后历时 6 天我才又找到了一位老人。这 6 天，我一边整理已经采访完的老人的录音，一边去村里寻找合适的老人，我寻找了几天，问了村长，以及好几户人家，最终都无果。因为曾经当过干部的人要么去世了要么记忆模糊了，一直找不到合适的采访对象。当时我真的是既失望又沮丧。后来，幸好我爷爷帮我打听到了最后这位采访对象。最后采访的这位老人也是泽潭乡明星村人，虽然合作化时期没有当过干部，但是他是一位很有文化的人，是明星村第一位大学生，懂的知识多，也真真切切经历过合作化时期。他说他以前写作文都写过当时的情况，可惜没有作文的原始资料，不然就真是锦上添花了。访谈过程很顺利，而且我觉得这是我采访的一个最满意的对象，因为这位老人几乎谈及了全部我想要捕捉的信息，所以访谈过程中，我一直兴高采烈的，和这位老人谈了两个多小时，也是我这几次访谈中历时最长的一次，最后访谈结束为我的采访之路画上了完美的句号。

给自己一点可能性

罗　欢[①]

调研前我的心情可以用忐忑来形容了，因为之前我根本没有接触过

① 湖南大学硕士研究生。

这类实践性很强的活动，在调研之前心里装满了十万个为什么。可是在经历这一段流程之后，结果还是满意大于失望，给自己一点可能性，会收获到想要的结果。

选择调查对象的时候，我在脑海里回想了自己家附近有没有符合条件的老人，然后又问了问同学，最终才决定去同学村里，由她帮忙带着去调研。原本预定好的四位老人，到了同学村里一看，就有三位不符合要求的，不是年龄大了，就是年龄小了，还有老人实在不愿意接受访谈的。仅剩的访谈对象——李爷爷在同学的村里名望很高，当了一辈子的生产队长，村里人聊到他的时候都是交口称赞。访谈的前一天，我就到了朋友的村子里，先熟悉了一下提纲，然后就跟同学去老人家中，和老人打好了招呼，详细地把访谈的过程讲述了一遍，并且试着问了两三个问题，看到老人的回答都很顺利，才在第二天正式开始访谈。

老人有八十六七岁了，在没见到他本人的时候，我以为他会是一个步履蹒跚、老态龙钟的老年人。但是恰恰相反，李爷爷身上没有一点快90岁老人的影子，身体硬朗，说话嗓门很大，只是有一点点的耳聋，牙齿都没掉几颗。由于我不懂方言，整个过程都是由同学负责提问，而我则在边上提醒她哪些问题还需要进一步提问。老人非常配合我们的访谈，回答也非常顺畅，两小时的录音时长也不算是问题。不足的是访谈的地点没选好，周围不够安静，存在干扰因素。

在朋友家住了4天，为了寻找新的合适的调研对象把整个村子都走遍了，也了解了这个村庄的风土人情。这在城市里是很难见到的：大家没事就会来串门、聊天，都当自己家一样；大家也互相帮助，就拿这次调查来讲，当没有调查对象的时候，邻居的叔叔阿姨都会来帮忙出主意，看谁家有合适的老人。这些善良纯朴的人带给我很多的鼓励和帮助，使我每次想要放弃的时候，都会打消念头。既然开始做口述史访谈，就要坚持着做完，半途而废不可取。坚持下去既是对自己的负责，也是对所有帮助过自己的人负责，做就要做到最好。

总的来说，第一次访谈还有很多的不足，不能用没经验来回应，毕竟自己已经大二了，该有的专业知识、访谈技能还是要具备的。下次需要注意的主要有以下几方面：

第一，要量力而行，并不是说做的越多越好。曾经犹豫到底要不要做问卷，后来还是决定做问卷。但是却并没有考虑到时间的紧张，到最后做一个口述史的访谈都显得有点心有余而力不足。所以做调查要了解自己，了解自己的时间，不然到最后就会措手不及。

第二，对调查提纲要有充分的了解，怎么样去把问题与问题衔接起来，使全文不生硬；对于个别问题要深入地去提问、去质疑，对于一些概念怎么让老人理解。在访问李爷爷的时候就因为对提纲不熟悉，几乎都是按照提纲展开提问，衔接得不是很顺畅，而且有几处就很直接地打断了李爷爷的回忆（因为这和提纲内容没有多大关系）。还有一些时候，对于受访者给出的确定无疑的回复没有提出质疑，有几处前后叙述不一致的情况，老人毕竟年龄大了，回忆的内容有明显不符合逻辑的地方我们却没有指出，在后期的整理时就发现了一些问题。

第三，在选择调查对象的时候要做全面的了解，不能盲目；录完音之后及时把录音资料整理出来。尽管只做了一位老人的合作化口述史，但是我的资料整理还是拖延到了开学后一周，所以时间显得很窘迫。

庆幸自己的坚持，即使在旁人看来是那么简单的事，一点一点的可能性汇聚起来总是可观的。

实践出真知

王梦婷①

大学的第一个寒假，我参加了华中师范大学中国农村研究院“百

① 江西师范大学商学院本科生。

村调查”的调研。调研内容是对部分村庄以及农户的问卷调查。于是在2018年寒假，我在家乡展开了我的寒假调研。听说我要参加调研，家里人都很开心，也非常支持。在我回到家之后不久，便开始了我的调研。

我首先来到了村委会，在办公室工作人员的帮助下，我很顺利地完成了第一份问卷。我很开心，因为有了一个很好的开端，它给我接下来的调研带来了很多信心。然后接下来就是要去调研农户了。

我先去了我家附近的一家农户。在这次的调研中，我和他们有了一次较长时间的交流。农户家中老人对于我的问题知无不答，非常热心，令我十分感动。另外一家农户也是由两位老人组成的，他们也十分热心，尽他们所知道的来回答我，感动之余，我也觉得自己非常幸运。

因为我们村分成了9个小组，且小组之间并不是特别聚集，分布也比较分散，所以在调研的过程中，会有一些麻烦。但是一想到调研过程中大家的热心与帮助，我还是很开心很乐意继续做下去的。之后我去到了我小学同学的家里，他家里有六口人，两位老人、父母、他和弟弟。他们一家人都非常勤奋，也在2015年成功实现了脱贫。我相信他们的生活会越来越好。还有，在我调研的困难农户中，他们对现在的生活基本上都很满意，也很有信心，充满对美好生活的向往。在我的调研之中，我也了解到，对于他们的帮扶负责人，农户们也都是很满意的。

在这次寒假的困难乡村调研之中，我学习到了很多知识。我更深刻地理解了政府在农户的心中扮演着一个怎样重要的角色，更深层次地认识了政府工作的重要性。另外，教育、社会保障、养老以及基本医疗等都是十分重要的。不幸的家庭有很多，导致不幸的原因也有很多，但是不管如何，只要还保留着对美好生活的向往，不放弃当下，努力拼搏奋斗，终归可以遇见幸福的阳光。

最后，本次的寒假调研也使我认识到大学生的学习，不仅是在课堂上，还在这一次次的社会实践当中。我十分感谢华中师范大学中国农村研究院的这次“百村调查”，它给我提供了一个很好的平台，使我受益颇多。

体验调研，磨炼自身

潘天樱[①]

对于调研，一开始我是锻炼自己的心态，报名参加了这次农民口述史的调研。大概是第一次参加调研，心里有点期待也有点激动，而且由于缺乏经验，我认为调研任务不难，直到开始做才知道自己想得太简单了。从初次调研顺利的喜悦到遇见困难、尝到失败滋味的沮丧，再到整理琐碎、繁杂调研资料时的烦躁，直至最后完成任务时的如释重负。整个调研期间，我的心情像坐过山车一样，起起落落。

寒假放假一回到家，我立即开始着手准备调研的前期工作，阅读农业合作化相关文献，翻看访谈提纲，调试录音等，同时开始寻找合适的调研对象。在父母的帮助下，我很快找到了我的第一个调研对象，这位老人在各个方面都达到了访谈的要求，并且积极配合，整个访谈过程十分流畅。这让我很高兴，对接下来的调研更是信心大增。可之后，却没有我想象的那么顺利，连续三天，拜访的四位老人都因为各种原因而不适合作为访谈对象，这让我的心情变得有些低落。不过我没有抱怨，更没有放弃，一边整理着第一份调研资料，一边继续寻找适宜的被访者。找到第二个被访者后一切又顺利了起来，第三个、第四个也接连找到。完成四个访谈任务的我本以为可以放松了，可整理起来又经历了一番波折，最后上交资料前还检查了一遍又一遍，生怕自己出错。

---

① 江西师范大学马克思主义学院本科生。

寒假的这次调研已经结束了，但我还是有遗憾的，我原本想多找一些老人调研，可惜适合的调研对象并不多。这次调研，从前期准备开始到最后完成任务，我花了很多时间，费了不少心血。虽然有点辛苦，有点忙碌，但是每天都过得很充实，有意义，不像以前，假期时无所事事，虚度光阴。通过这次调研我收获很多，对农业合作化这段时期的历史有了一定的了解，对当时的农业、土地和人民生活状况加深了认知，所以更加理解当时国家政府制定的一系列土地政策，也更想珍惜好当下的富足生活。除此之外，还有一点让我感受很深，就是“纸上得来终觉浅，绝知此事要躬行”。作为一名大学本科生，我跟书本打了很多年的交道，我了解的知识多数来自于书本，但书上知识毕竟是有限的，想要深入理解一些道理，就必须实践才行。我可以毫不夸张地说，自己在访谈、整理合作化资料中所学到的东西绝对比在调研前期看相关资料学到的要多，这让我深刻认识到实践于我们学生的重要性。总之，我觉得这次调研很有意义，如果以后还有机会，我会更加积极地参加这样的活动，多实践，多学习。

知识源于课本，亦源于实践

言楚楚①

2018 年 1 月 22 日下午，我在爷爷的推荐下去找了同村的谭爷爷。听我爷爷说谭爷爷曾经担任过村里的记分员，之后又担任了村里的会计，我想谭爷爷应该对村里以前的事情有所了解。于是我怀着紧张的心情来到他的家里，但令人失望的是，谭爷爷不在家，我在他家门口等了半小时后就默默回家了。

① 江西师范大学文学院本科生。

晚上在家里，我仔细地整理了自己的资料。第二天一早，我在爸爸的陪同下去找谭爷爷，这次谭爷爷刚好在家。于是，我向谭爷爷讲明了自己的来意，问了一些关于土地改革时期的问题，谭爷爷回答得很详细，我便说明了自己调研的目的。尽管开始的时候谭爷爷还是有点犹豫，但在我的解释以及爸爸的劝说下，谭爷爷还是答应帮忙了。非常幸运的是，谭爷爷十分健谈，后来谭爷爷的兴致越来越高。虽然有时谭爷爷的回答文不对题，但是大部分的时候谭爷爷都很配合。甚至在最后，谭爷爷还给我看了他以前记工分的本子，我真心觉得谭爷爷很厉害，能把这些东西保留得这么好，谭爷爷的本上记得很工整，字迹也很好看。在谈到从前艰苦的生活时，谭爷爷还分享了以前吃饭的故事，才结束了两个多小时的采访。

通过和谭爷爷的对话，我更加了解了土地改革时期，也感觉到谭爷爷生活的不易。下午的时候，我就开始整理谭爷爷的录音，将其整理成文字。在听录音记录的过程中，出现了许多问题，对于一些自己不懂的地方我会反复多次地听，也会在谭爷爷说到的一些实在不知怎么理解的地方，向爸爸请教，爸爸每次都会认真地给我讲。在整理全文的过程中，我感觉到自己问话的方式有些难懂，有时候还带有逻辑问题，没有讲清楚自己的问题，谭爷爷可能听不懂，容易产生误解。

后来，我就缠着我爷爷来帮我修正问话方式。修正问话方式的同时，我也从爷爷身上学到了很多东西。爷爷告诉我，要懂得机智应答，不能太过死板，要灵活多变，老人家有时候听不懂现在的词。同时，爷爷也给我讲了一些他小时候的事情，第二天，我就开始分阶段整理，在整理的过程中，我发现自己还是有很多的关键点没有问到。仅仅在整理的时候，自己就已经晕头转向了，而且自己没有把握好时间点，没有严密的逻辑思路，有时候还有重复，有时候不知道爷爷到底回答的是哪一个时期，导致分阶段整理用了整整一天时间。期间还去谭爷爷家里核实，一直到晚上才大致整理完。晚上躺在床上，感觉这个工作量很大，尤其是对于像我这样打字慢的，但仔细想想，都已经完成了 1/4 了，不能轻易放弃，再说自己也可以更好地了解以前的历史，而这些是课本上学不到的。

2018 年 1 月 25 日，在朋友的指引下，我找到了同学的奶奶。我向奶奶问好后，就讲明来意，奶奶很配合，但奶奶记得并不是很清楚，所以半个多小时后就结束了。那时候心里还是很沮丧的，有点空空的感觉，怕找不到人。回到家里后，到处打听，最后找到了老书记。一开始，老书记就给我讲了土地改革的事情，他记得很清楚，我问的问题老书记也很仔细地回答我，而且他的妻子也积极配合。后来老书记还拿出了许多的荣誉证书给我看。

回家后我分阶段把录音资料整理出来，整理完资料后，我又去高丘找了黄爷爷。在我说明来意之后，黄爷爷很愿意配合。同时我还发现，黄爷爷看问题不会带有太大的偏见，能够从大局看问题，给人的感觉很不一样。调研以后，聊了一些其他的事情，看到黄爷爷一个桌子上放了很多书，才发现他虽然年纪大，还是会坚持读书，真的非常佩服他。黄爷爷还说，以前苦，没钱读书，现在有条件就多看看。我希望自己以后也可以像黄爷爷一样，坚持读书，活到老，学到老。分阶段整理完以后，我继续寻找合适的人。总而言之，这个寒假，过得很充实，学到了很多课本上学不到的知识，也锻炼了自己。

2018 年广西平果县（现平果市）新安镇汤那村口述史调研有感

赵绍新①

2018 年 1 月 31 日，是我 2018 年寒假社会调研的第一天，也是

① 江西师范大学马克思主义学院硕士研究生。

我硕士研究生期间最后一次假期社会调研，很高兴再次参加华中师范大学中国农村研究院的中国农村调查之农民口述史调查。这次口述史调查的主题关于合作化，相比于前一次土地改革口述史，合作化口述史更难一些，因为问到的内容比较多，而且时间跨越了“土地改革之后—互助组—初级合作社—高级合作社”等几个阶段，时间衔接模糊，所以在进行访问调研之前我做了一定的准备工作。

我今天访问的老人是许爷爷。老人家今年已经81岁了，头脑还比较清醒，也比较健谈。我开始问他时，他看到我拿着一本书过来，而且还拿着笔记本时，就表现得十分重视，只要是他记住的就全都讲述给我听，如果记不住的就仔细回忆。我们的交谈进展得很顺利，因为内容太多，我们的交谈进行了将近3小时。老人一生很少出远门，除了到县城或镇上买东西外，基本上都在家里进行农业生产劳动，是普普通通的农民。在交谈的过程中，我了解到我们汤那村当年从土地改革后到合作社期间的整个历史进程。

2018年2月5日，是我进行集中调研的第二天，调研地点还是我们汤那村黄胎屯上屯的代销店，这是我们屯村民购物、聊天的好地方。上午继续问了许爷爷一些补充性问题，主要是了解他的人生经历和婚姻家庭状况。接着我向在场的老人们请教我们村有哪几位老人现在是80岁左右，而且头脑还比较清醒的，他们向我介绍了几位老人家，让我去询问，我也很感谢他们。

2018年2月6日，是我集中进行寒假调研的第三天，之前调研积累了宝贵经验，所以调研地点、调研对象和调研时间的选择更加的科学合理。调研地点，是我出生和成长的故乡汤那村。汤那村又分为6个自然屯，每个屯之间的距离大概为3千米。为了方便调研，我便在自己所在的黄胎屯以及相邻的汤那屯进行调研，恰好这两个屯的总人口占整个村人口的70%左右，所以更具代表性。调研对象，我选择了年龄在76~85岁，亲身经历过合作社这段历史时期，而且头脑比较清醒的老人。在调研时间上，尽量在中午到下午比较暖和的期间，减少对老人生活起居的影响。综合各方面考虑，我的寒假第二位访问对象是我的一位亲戚，我称他为老外公，为此我也做了一些准备工作。

下午我到老人的家里进行拜访。在我说明了自己来的目的后，他非常兴奋地与我聊起了这段历史。

他今年 76 岁，于 1964 年结婚，1965 年生育第一个儿子，一共有四个儿子和一个女儿。老人一生主要是当建筑工人，擅长建瓦房。1965 年到百色和田阳修建公路，一共去 3 年，直到 1968 年才完成。1970 年以后到 1997 年，就到县城以及县下面的其他乡镇搞副业，主要是做建筑工人，工作是修仓库、建新的瓦房。在此期间，老人也曾经到南宁市的下辖县城去做木工。2014 年底，由于老人家年纪大了，体弱多病才放下工作在家休息。

2018 年 2 月 11 日的主要调研任务是完善前两次口述史访谈的记录并整理相关的材料；继续进行 2018 年寒假“百村观察”核心数据（农户调查）专题调研；并委托汤那村的村干部帮忙填写调查问卷，进行相关的访谈。由于我是本村的村民，所以汤那村的村干部积极地协助问卷调查，并认真填写了相关数据。对一些不清楚的数据，村干部还介绍了新安镇的其他干部给我认识，以提供更为完善的数据。在汤那村“村两委”的大力支持下，我的 2018 年寒假专题调研活动才得以顺利地开展。感谢汤那村的村干部和汤那村人民的大力支持。

2018 年 2 月 12 日，为了从宏观上把握研究问题的历史背景和从微观上掌握研究问题的具体数据，在当地各部门的帮助下，我终于完成了历史资料收集工作，农民口述史专题材料收集提供了宏观上的历史资料支持和微观上的研究数据支持，我对取得的研究成效还是挺满意的。

两代人的交际

赖艳萍[①]

调查开始的前几天，妈妈带着我在村子里找符合要求的老人。但是有点难，因为需要八十岁左右的老人，还要头脑清晰，口齿伶俐，这样的老人的确难找。因为年纪大了，身体功能下降，牙齿掉了或者缺少了，说话就无法让别人理解，再加上时间有点长，很多过去的事情都记得不清楚，也无法得到具体的资料。还有一个就是当时的背景下，很多事情都是家里的男青年去参加村里的会议以及活动，女性并不清楚。

第一天，我去自己村子里老人家中问有关这方面的事情。从采访的两位老人的叙述过程中，我了解到，两位老人在那个时候很贫穷，但他们依旧很努力地生活。我虽然没有经历过他们那个年代，但是从他们的言语当中，我似乎感受到了那个年代的贫苦，那个年代人们的艰辛，每个人都很坚强地活着，也很勇敢地活着。

从调研的过程中，我体会到，做什么事情都应该预先做好打算，我应该先详细地阅读资料，考虑到与老人的交谈过程中可能会遇到的麻烦。比如，老人听不懂我们在说什么，老人无法清楚地回答我们的问题。当老人有口齿不清晰或者记忆不清晰等问题时，我们应该整理好思路，用简单易懂的方式询问老人我们所需要的答案，询问老人问题的同时，即使老人可能记忆不清晰，也可以循循善诱，将他引导到那个问题上去。并且能在完成一项任务之后，迅速地整理笔记、整合资料。

---

① 江西师范大学商学院本科生。

从此次调研活动中，我知道了完成一个问卷并不是我想象中的那么简单，这需要我提前了解清楚这项活动的情况，也需要调查员认真阅读相关资料。在调研过程中，学姐、学长也很积极地帮助我们，有什么问题都会及时回复我们。在整理资料的时候，不仅要记得那些数据，还需要我们组织好语言上传资料。还有就是我们应该及时整理资料，在完成问卷以后尽早地整理思路并将资料上传，时间拖得久，很多东西就不能及时地去发现并且去解决。

口述史调研总结

甘旭亮[①]

参加调研是抱着锻炼自己的想法，我提前做了一些准备工作，查阅资料了解合作社时期的事情，为询问老人做准备。

在外婆的陪同下找到了熊婆婆。在真正见到老人前，外婆一直叮嘱我说，她这个几十年的老朋友以前吃了不少苦头，对过去那些岁月的苦难刻骨铭心，要我问的时候当心点。说起过去的事，熊婆婆思维还是很清晰的。随着问题的深入，我也了解到熊婆婆家里原来是这样的艰难。她刚刚嫁到刘家来，是借宿在老伴哥哥家，日子过得非常艰辛。

下午，我又在外婆的帮助下找到了刘大爷。一番询问下来，我了解到刘大爷那个时候当了一段时间的村书记，对合作社比较了解。说起当时的村里人，刘大爷满口都是称赞，说那时的人纯朴善良，勤劳能干。身边谁家有困难，能帮的都非常愿意去帮，而且不记报偿，都是大家帮来帮去。平时大家都努力干活，不会有什么别的心思。渐渐随着聊的多了，我对那时的生活也多了一些了解，也对那辈人的奋斗充满敬仰。

---

① 江西师范大学商学院本科生。

在整理那些录音材料的过程中，所遇到的困难是我从未想到的。一个半小时的录音，起码要花十倍以上的时间把它整理成普通话的形式。并且我还发现我当初询问的逻辑很乱，时间线不清晰。这导致我后期的整理困难重重，在学姐的鼓励下，我努力地完成了此次调研。

当自己独立去完成一件事时，更能发现自己的不足。从这次调研中我发觉了自己容易放弃的缺点，但以后我会更坚定，努力地做好每一件事，有耐心，有吃苦的准备。我也学会了遇到问题要多向别人请教，希望今后我还有机会参加调研，因为这其中不只有辛苦的汗水，更有成长的脚步。

调研：困难与努力

张有祺①

从学院了解到华中师范大学正在召集高校大学生参加以农村合作化为主题的调研活动后，我感到非常高兴。此前一直想参加类似的活动，却没有机会，在了解到相关活动的内容和大致要求后，我毫不犹豫地报名参加了。

在返乡调研途中的火车上，我就开始仔细研读口述史的具体要求和提问内容，了解了调研的一些步骤和要求。期间，对座的一位五十多岁的阿姨也对此产生兴趣，借读后还跟我分享了一些她个人的见解。我对她的每一份见解都心怀感激，我相信我的调研访谈工作将会进行得比较顺利。后来，我还询问了她一些相关的问题，不过得知她的年龄后我觉得有点惋惜，因为阿姨并没有达到访谈年龄的要求。在阿姨的建议下，我决定到比较偏远的农村去采访，那里上了岁数的老人家

① 江西师范大学政法学院本科生。

比较多，而且基本都是土地改革的见证者和亲历者。城中的老人可能没有在乡下生活过，也可能是随子女迁入城中，我从他们那里得到有价值的信息应该不如农村老人多。

回到老家后，我就与居住在乡下的同学联系，并得到他的邀请前往他家，去他所在的村庄进行采访。首先我与同学的爷爷进行了访谈，午饭过后再与同学本村内同族的另外两位老人进行访谈。访谈过程中，我发现农村的村民都很热情、很朴素，而且非常配合我的工作。在访谈的过程中，我感受到他们那个年代的人们所经历的苦难，以及国家现在的变化。

为了更方便交流，我也使用了方言，因为我觉得这样不仅可以提升效率，还拉近了我们之间的距离。通过这次访谈，我觉得自己与人交往的能力得到了很好的锻炼，特别是采访的几位老人与我素未谋面，但是我们却能很愉快地相处。老人家的话直白、朴素，我也能站在他们的角度上思考问题，从而能更贴近他们，体会他们的真实感受。

后期资料的整理阶段，是最难、耗费时间最长的一个过程。不过我在各种原始资料的整理中也渐渐厘清了头绪，工作还是比较稳步地进行。我觉得自己还有很多地方需要改进，比如一些过程操之过急，有失偏颇。如果下次还有机会，我相信自己凭借经验和能力以及信心，会做得更好。

我的调研，我的成长

江丽娜[①]

以前从来没有接触过这种形式的活动，很感谢苏区振兴研究院给

① 江西师范大学商学院本科生。

了我这个机会。在刘老师和一位学长的帮助下，我递交的课题申报表被学校审核通过了，真的很激动，感觉自己又能接触一些新鲜的事物。

在准备做调研的时候，才发现看起来似乎很简单的事情往往不容易，我和我的组员不知道从哪里入手，只能一遍一遍地看当初课题申请的副稿，才决定先做好问卷题，从网络问卷和实地寻访两方面切入。可当我编辑好问卷题后，我的组员又和我产生了分歧，他们认为我的问卷题对于撰写调研报告的意义不大，所以调研进行到这一段又不得不中断。经过交流讨论，我们最终决定通过实地即兴进行问卷调研。我花了一上午的时间去余干县城的菜市场和路边菜摊进行访问，可他们总是强调自己不懂，我只好一遍一遍地强调我做这次调研的目的。遇到的城管很好心地带我去找一些卖辣椒的商贩，并且告诉我是余干人就说余干话显得亲切。在他的帮助下，我的调研速度加快了不少，虽然我的余干话表达有一点困难，但至少能听懂。

下午，我的组员骑他的摩托车带我一起去到余干辣椒的种植基地——枫树李家，不得不说那乡间小路真是难走，但风景很棒。一进枫树李家，我们就看见几个硕大的字：余干辣椒种植示范基地。田地里有许多塑料大棚，我通过塑料薄膜看见里面许多的绿色小苗，可爱极了。我和我的组员询问一些老农的时候，他们都很骄傲，并且很愿意和我们交流，他们说："我们在这片土地上种了大半辈子丰收辣椒了，再没有人能比我们更了解。"我和组员都很激动，真是"踏破铁鞋无觅处，得来全不费功夫"。我们一边询问，一边录音，我的组员进行重点内容的笔录。询问好几个老农以后，我们欢天喜地地回家，组员把稿件给了我，我也整理了过去的一些问卷，感觉特别有成就感。

这次调研带给了我不一样的经历，我从中学到了很多。我感受到了老农们对这片土地深沉的爱，他们勤劳纯朴。我也明白了团队合作的重要性，一意孤行不能成功，坚持就是胜利。

创业艰辛，但未来可期

方　麟[①]

首先要感谢江西师范大学苏区振兴研究院给我这次宝贵的调研机会，并对我进行培训，让我能够深入农村发现问题。在调研过程中苏区振兴研究院也为我解决了许多疑惑，在这里我衷心地祝福江西师范大学苏区振兴研究院越来越好！

暑期我回到自己的家乡——江西省赣州市于都县仙下乡，就“苏区振兴：新型农民的发展”这一主题展开调研。在采访农业新型经营主体和进行农业特色产业发展情况调查的过程中，我发现他们的创业之路很艰辛。下面我就从新型农民的创业角度谈谈我本次调研的心得。

进入新时代，党中央更加重视农村问题，新农村建设也在时代发展的潮流之中高歌猛进。2020 年实现全面建成小康社会的目标更是给新农村建设指明了前进的方向和注入了发展的动力。在暑期调研的过程中，我发现新时代农民的思想觉悟有所提高，他们在党的领导下和基层政府的帮助下，在社会发展的潮流中开始创办自己的新型产业。我个人认为“新型农民的发展”这一课题中，最可喜的就是农民思想的提高，他们愿意从事新型特色农业，开辟自己的发家致富之道。但客观来说，新型农民的发展并不是很乐观。他们虽然在思想上与以前相比有了很大的提高，但在并不发达的农村创办大型农业特色产业确实存在诸多困难。

不利的自然因素对农业本身来讲就是一种灾难。气候、土壤、地形、水分和生物对农业的发展起着关键作用。自然条件决定产业的生

① 南昌大学文法学院本科生。

产时间。我调查的茶树菇种植所需要的自然条件就比较苛刻，温度不宜过高也不宜过低，湿度要适中，要始终保持土壤的水分，所以茶树菇在春夏季节产量较高，而秋冬基本上停产，这对茶树菇产业的发展就是一种很大的限制。除了气候、土壤、水分等对农业有较大影响外，病虫害对农业产业更是致命打击。我采访的一个脐橙产地，有一年得了“黄龙病”，一年下来脐橙生产基本上没有收入，亏损巨大。农业产业发展是一个循序渐进的过程，而这种初期投资大、利润回报慢的农业产业又受限于自然因素，这对农业产业发展来说就是一项巨大的挑战。

总而言之，新农村建设的大方向和发展趋势非常好，然而我们也不能对新型农业发展中所出现的问题置之不理，只有拿出切实可行的方案，我们才能答好新时代给我们的考卷。

调研悟生活

刘佳乐[①]

这个暑假我报名参加了学校苏区振兴研究院的暑期调研活动，回到家之后我就开始寻找合适的采访对象。直到有一天我家准备去我父亲的朋友家里摘葡萄，我了解到我父亲的这位朋友种植的不是普通葡萄，而是当地的特色有机葡萄。于是我向他了解他所种植的特色产业——有机葡萄的发展情况。

做好一切准备后，我们来到了易先生家中。易先生的家是一座两层的瓷砖房，旁边的小木屋里养着猪和羊。通过调研我了解到易先生将这些家畜的粪便用作葡萄的肥料，这样既可以处理好粪便，又能让

---

① 江西师范大学政法学院本科生。

种植的葡萄风味更佳。房屋对面是种植葡萄的大棚。进入大棚后映入眼帘的就是那一串串成熟的紫葡萄和水晶青葡萄。游客可以直接到大棚里采摘，这比直接在商铺里面购买的更新鲜。线下采摘的销售方式不仅给卖家带来了丰厚的利润，也给买家带来了更好的生活体验。

进入大棚之后我们开始体验亲手采摘葡萄的乐趣。在摘葡萄的过程中我发现葡萄园内的规划很整齐，人们能自由地在其间穿梭，脚下的泥土踩上去很踏实，不会沾上鞋子。葡萄架上的葡萄都非常饱满，因此顾客很多，非常热闹。采摘葡萄的过程十分愉悦，给我们带来很新奇的感觉。

之后我向易先生详细说明我们调查的一些细节。通过这次的调研，我了解了很多易先生的个人情况和农业种植情况。他和几户人家建立了一个合作社，虽然村里土地很多，但大多数的人都外出工作，很少人选择在家务农，很多土地属于荒废状态。易先生从事这个行业主要是因为村里有很多闲置的土地，所以他承包了将近 100 亩土地来种植葡萄。虽然易先生每年的收入并不是很高，但他说，他热爱这片土地和这种日出而作、日落而息的农耕生活，每天的生活过得十分满足。

通过这次的调研活动，我学到了很多东西。从易先生身上我学会了一个人要踏踏实实地坚持自己喜爱的事物，并且保持一种积极乐观的心态。而我自己则需要接受更多的锻炼，这样才能增强自己的行动能力和人际交往能力。

调研——一场敢想敢做的旅行

周　琪①

调研于我而言是兼顾学习和生活的一场敢想敢做的旅行。它让我

① 江西师范大学马克思主义学院、苏区振兴研究院硕士研究生。

更好地接触社会，收集到更多真实的材料和信息，让我的想法在调研中进行实践和检验的同时提高自己的学习能力，而调研过程中遇到的一些有趣的人和事更是一场美妙的旅行。

在苏区振兴研究院学习后，其下设的社团——红色原野调研社经常组织各种调研，而我作为其中的一员，调研成了家常便饭。虽然有好几次调研的经历，但每次调研给我的感受都不相同，因为每次调研对我来说都是一个进步。而这次清明节的调研是我和我的团队一起策划并成功进行实践的一次活动，让我感触非常深刻。

这次活动的成功举办也让我想到了自己第一次调研的经历，那一次调研是无意中看到华中师范大学中国农村研究院招募调研员，抱着试一试的心态参加了那次活动。第一次调研遇到的困难确实很多，我庆幸自己没有放弃。那一次我与老人访谈的每个精彩的故事现在依旧历历在目，他们积极向上和乐观朴实的生活态度一直影响着我。这只是一个偶然的机会，却让我慢慢发现自己适合做什么，找到了自己的目标和方向，所以我们要做一个有心人，多留意身边一些能提高自己能力的活动。

下面我讲一件这次调研过程中的小事，这次调研的准备还算充分，因为测量的一部分路段我比较熟悉。我目测树距离公路不是很远，于是想着用 5 米的卷尺要测量几次而且还没有人牵尺子，所以我就削了一根两米的棍子，打算用棍子多丈量几次。出门去测量的时候，婶婶看到我骑着电动车拿根棍子问：“你拿着这根棍子是去田里钓鱼吗？”叔叔说：“拿这根棍子够你量的。”然后给了我一个五十米的卷尺。于是我带着卷尺走上了我的测量之旅。到了目的地发现幸好我没有带那根两米的棍子来，那些离公路几十米的树我用两米的棍子不知道要测量多少次。这把尺子在调研过程中只是很小的一个要素，但是这件小事告诉我，很多时候做事不要想当然，一定要了解实地情况。调研基本上都要去实地，实地的情况非常复杂，我们很多时候要多留心身边的事物，做好多种准备，不要因为一些小的困难和因素影响最后的调研。

虽然这件事情很小，但很多调研的不成功都是因为没有注意到这些小细节、小问题，以至于后期的工作很麻烦，调研员没有耐心之后只能放弃，而中途放弃是非常可惜的一件事情。

作为当代大学生，我们并不缺乏想象力，更多的是缺乏动手能力，而现在有一个让我们敢想敢做的调研平台——红色原野调研社。所以在有时间的情况下大家可以多参加这类活动，积累更多的素材，提高自己的能力，结交更多志同道合的朋友。

纸上得来终觉浅，绝知此事要躬行

涂玉婷[①]

我非常期待此次清明假期的到来，不是因为安排了出游计划，而是因为我有了第一次调研任务。在会上听完学姐的培训后，我觉得这次的调研十分简单，简单到只需要一把尺子就够了。按照表中的任务道路，我在地图上选定了离家比较近的路段作为测量路段，在确定了需要乘坐的公交线路之后就开心地等着第二天的到来。

第二天，抱着满腔的热情，我带着家里的小卷尺就准备出门。出门之前妈妈问："你一个人怎么测？"我没做过多思考就答道："我带了卷尺、纸、笔，够了！"妈妈见我一副信心满满的样子，便没有多说话。

循着地图，终于走到了指定的 033 县道。我从包里掏出我的小卷尺准备测量，这个时候才意识到临出门时妈妈的那句问话是什么意思：一个人根本很难固定拉长了的卷尺。把卷尺拉到 1 米时，一个人尚且

① 江西师范大学政法学院硕士研究生。

能够控制，当拉到2米甚至更长时，卷尺则很容易弯折，仅靠一双眼睛难以保证调整卷尺时产生的误差在合理范围内，弯折的卷尺扭来扭去，根本无法对准确定好的端点，也无法测量有效的直线距离。在尝试测了几棵行道树到道路的距离之后，我拨通了朋友的电话，在朋友的帮助下，我的测量之路才走上正轨。

这个问题解决了，第二个问题又出现了。我高估了小卷尺的能力，也低估了我要测量的距离。道路旁的绿化面积，即使只是一个小小的花坛，都超过了小卷尺的最大测量长度——5米，更别提道路的宽度了。突然，朋友和我几乎同时注意到了花坛旁边的砖块。只要测出一小块砖的长度，再计算砖块的数量就可以得出准确的数据了，没想到，初中物理课上的实验方法，竟然还有这样的用武之地。

就这样，我和朋友走走停停，蹲在街头用卷尺丈量路面。从下午两点到四点，我完成了任务规定的测量要求。朋友正伸着懒腰笑盈盈地盘算着晚上去哪里吃饭的时候，我的心里却犯起了嘀咕：今天测的这两条国道和县道，都在城镇附近，道路旁耕地很少，“耕地里的树离道路的距离”这一项数据几乎测不到，这样调研数据就不完整了。这是我第一次参与正式的调研活动，希望能够尽我所能把它做到最好。第二天是清明节，要回乡下祭祖，期待回乡路上能有一些惊喜和收获。我第一次对车窗外一成不变的景色有了新的期待。我期待路边有一排排标准的行道树，期待树后有刚刚播种了的耕地，我甚至期待堵车，这样我就能看清路边矮矮的、躲在灌木丛里的地标。所幸，离城镇越远，见到的耕地越多，不能圆满完成任务的担忧终于可以放下。

我瞅准了离村子较近的一条道，路边有统一的树木，也有杂生的灌木，有汩汩流淌的小溪流，也有小小的池塘，最重要的是在这些树木河流旁边，都是农民们赖以生存的耕地。通过地图，我知道了它的道路编号，接下来就是测量。有了前天的经验，我在出发时喊了表哥陪我一起去，并且向家里借了电动车，定点、测量，不出半小时我就完成了这 1 千米的测量任务。在回村子的路上，我把昨天闹的笑话讲给表哥听，表哥说：“光用脑子想，做啥都感觉特别简单，真正去做了才会发现其中的不容易，这就是为什么老话说‘看花容易绣花难’。也就是‘纸上得来终觉浅，绝知此事要躬行’。”

以前总听别人说调研难做，我只觉得大概是因为访谈对象不配合，毕竟调研员作为陌生人到访，访谈对象或多或少都不会把真实想法、真实信息告诉调研员，或者是因为问卷难设计、难收回，问卷的不可控因素太多。如果不是亲自体会，我不会知道即使是不需要第二方参与的测量土地的调研，都需要在调研前做十足的准备。大到测量道路的选取、测量方法的制定，小到平均数的处理方法、保留的小数位数等，都是需要考虑的因素。如若在事前没有做好充分的准备，在实地测量时便会遇到各种各样的问题，有时甚至会导致重复测量或者数据作废。

此次调研活动让我受益匪浅，它不仅让我体会到调研前期的准备多么重要，还让我感受到实践的意义就是在“做”中“学”和“学”中“做”之间螺旋式上升。以前在课堂上，老师总说我们写的论文不符合实际，提出的建议完全是纸上谈兵。当时我不理解为什么，我们在论文里提出的建议和措施是那么的理所应当。经过这次调研，我才明白我们所提出的措施大多是纸上谈兵，可操作性十分低。

最后，十分感谢红色原野调研社这个平台，让我有机会能参与到一线的调研工作中。我希望在以后的日子里，我能参与更多红色原野调研社的活动，能同调研社里的同学共同学习，共同进步！期待更好的自己和更好的大家。

团结互助，事半功倍

肖云剑①

这次的清明节调研是我人生第一次调研，有些期待，同时也有些迷茫。期待是因为自己以前没有体会过调研，经常听老师、学长、学姐讲述自己调研的经历，但它对我来说很陌生，而我对于未知的事物总是充满兴趣，所以果断参加了这次调研活动。

培训时，我凭着自己对家里道路的印象判断是否存在占用耕地种树的情况，但想象的情况并不存在。在回家的路上，我发现耕地上和田埂上屹立着很多我叫不出名字的树，沿途有些树离道路比较远，田里还有积水，所以我打算第二天穿上胶鞋并带上一把长一点的尺子开展我的调研。这一反差告诉我不能仅凭自己的印象和想法做事，而要从事实和实际出发。

第二天一大早，我到表姑家借了一把卷尺，先来到离我家不远的田埂上，那里有一排树，于是便开始测量、拍照。刚开始我用自拍杆拍照，角度以及内容较难控制，然后测量另一个路段时，我找到我弟弟帮忙，让他帮我扶住尺子并拍照。一开始我们都兴致勃勃，但随着时间推移，周围的温度慢慢升高，我们开始有些疲惫。

经过前面的测量我已经知道具体要怎么操作，于是骑车到 8 千米外的乡道开始寻找目标。那条乡道我去的不多，所以不熟悉，骑了半小时才找到耕地。而且我发现这些耕地旁边或多或少都种着一些树，而且那些树周围的耕地都荒废了，杂草丛生，我看得都有些心痛，如此肥沃的土地长满杂草，真是浪费资源。我怀着沉重的心情开始测量

① 江西师范大学商学院本科生。

工作，弟弟也认真地帮助我。然后又去另一个路段，另一个路段的树离得有点远，弟弟可能拉不到那么长而且他也有点累，于是我叫了我的好朋友出来帮我一起测量。我的好朋友年纪跟我差不多，所以测量更有默契，可以迅速领会到我的意思。有的树比马路的水平面低，所以我必须爬下去测量，身上弄得有点脏。而且由于近几天较为干燥，所以马路上总是扬起很多灰尘，以至可能吸入太多灰尘了，喉咙发痒，说话有点困难，眼镜上甚至积了一层灰尘，现在想来还是挺辛苦的。

总结我这次的调研经历，我认为自己对周围的事物观察不够细致，没有留心身边的事物。那条回家的路我走了无数遍，按理说对道路两旁的事物应该非常熟悉，但是当我在学校回忆的时候却一点都想不起来，没有任何关于耕地种树的印象，让我有点难以启齿。所以我认为自己今后应该认真观察身边事物，做一个有心的人。另外要想做一次成功的调研活动，光靠自己一个人的力量很难成功，我们需要寻找帮手，取长补短，这样可以提高效率和质量。

总的来说，此次调研收获丰富，让我更加了解真实调研的同时还充实了自己。

一次调研，一分收获

何礼鹏[①]

2019年4月5日至4月6日，我参加了人生中第一次调研。以前总觉得调研离我太远，都是资深人士触及的活动，但没想到这次我也可以参与其中。虽然只是去测量一些小数据，但也很有收获。

一开始我以为测量会很简单，但没想到，当我来到测量地点时，

① 江西师范大学商学院本科生。

情况出乎我的意料。本来觉得可以一个人完成，但到了实地发现没有两个人无法测量和拍照。幸好测量的时候我很多朋友有空，就找到一人来帮我，这让我的调研工作轻松了很多。

在开始测量时，因为不熟练，要测的东西总是被遗忘，以至于测量的速度非常慢，所以浪费了朋友不少时间。我一直以为有手机就可以记录所有的数据，但是现实很快给了我教训。在这里非常感谢我的朋友，她随身携带本子，我一开始还认为有些多余，没想到最后发挥了超大的作用。本子记录数据比手机记录数据快了很多倍，手机记录数据不仅慢，而且还会因为光线太强无法看清屏幕。可是用本子就不一样，直接拿出来，翻到第几页，用笔写几下就完事，写错了也可以马上修改，方便快捷。

调研，真的可以锻炼人各方面的能力。它很考验一个人的耐心。因为要测量的数据很多，一开始测量可能会充满激情，但随着时间的推移，激情慢慢被消磨，人容易变得不耐烦、暴躁、粗心、想放弃。这次调研我是在内心一次又一次的挣扎中坚持过来的。

调研之后整理数据也是一门必修课。刚开始到实地，会有一些迷茫，测量时把数据写得乱七八糟。回去整理，不知道这个是测的什么，那个又是测的什么，很容易手足无措。还好我一开始将数据统一格式，这样子看起来比较整齐，还能很快看出来这是哪一类数据。

调研之后我就在想，两个人一起做调研可以相互配合、相互帮助，因为两个人的思维方式不一样，可以取长补短，有时你想到了这个，却忽略了那个，但另一个人却能想到那个，两个人分工明确，在考虑问题方面会更加周全，决策会更加明智，数据会更加精确，时间效率会更高。两个人一起调研，并不是简单的“1+1=2”，而是“1+1>2”，能够做到系统优化，所以调研结果可能会比预期的更好。

这次调研我最大的收获就是：不管做什么事都要把准备工作做好。调研之前，我们必须预先把需要调研的数据用本子记录下来，到了实地就不会手忙脚乱。而且在调研前，一定要设想清楚自己行动的过程，不要东跑西跑最后虽然得到了测量数据，但效率却十分低。还有就是要灵活应对突发情况。在调研的过程中，我们或多或少会遇到一些自己意料之外的问题，有一些是自己可以避免的，但有一些是自己不能够避免的。当问题出现时，我们不能慌张，我们此时需要的是冷静下来，理智地去分析问题，解决问题，而不是抱怨问题。我们要有一颗战无不胜的心，坚定自己的信念，朝着自己的目标前进。同时我们在调查的时候一定要实事求是，不能弄虚作假，尽量减小数据误差，让情况尽可能真实地被反映。调研工作既然交到了自己手上，就必须对这个工作负责，仔细认真，容不得半点马虎！

“行”与“读”

邹　杭[①]

这次清明回家，与之前放假回家有些不一样。这次我需要完成清明调研任务。本来我以为这是个非常简单的任务，游山玩水间就可以完成，然而等我真正去做时，才知道什么叫作“说起来容易，做起来难”。

回到家我就开始为调研做准备工作。首先是工具问题：测量工具、出行工具以及记录工具。这个测量任务对卷尺的长度有一定的要求，起码得 10 米，于是我去楼下超市买了把 10 米的卷尺，测量工具的问题解决了。接下来是交通工具的问题，有些调查的目的地离家较远，幸运的是正好我姐夫这两天没事，可以开车陪我一起去。记录工具则比较简单，一部手机、一支笔、一个本子就可以了。

出发测量之前我原以为只要一个上午就能把三条道路全部测量完毕，结果开车到 528 县道找到符合条件的道路就花了 1 个多小时，正式测量又花了 1 小时。尽管调研测量活动比较曲折，但测量时遇见的一个有趣的大

① 江西师范大学商学院本科生。

娘给我们的行程增加了一些趣味性。她在道路旁看到我们拿着工具测量记录，就好奇地走过来，询问我们在做什么，还一脸期待地问我们："是不是道路要扩建？"我们解释说不是，只是测量耕地里的树到公路的距离，一听这个她又开始担心，问是不是耕地离公路太近，不能再种作物，还问种在路旁的作物是否能吃，会不会被汽车尾气污染等奇怪的问题。我们耐心向大娘解释此次调研活动，然后又回答了她另外一些问题后，大娘觉得我们这个活动很新奇、挺有意义，很开心地带着我们一起去测量。一边帮我们测量，一边跟我们说这里以前是怎么样的，现在又是怎么样，还不禁感叹时光易逝，变化真快。等我们测完第一条路已经 11 点多，因为姐夫下午有事，我便和他约定第二天上午再去测量另外两条公路。

第二天，我们出发来到其余要测的两条公路——320 国道和 525 县道。320 国道很长，两边山居多，耕地较少，开车跑很远才找到一处可以测量的点。我们便立即在道路两边各找了四个点来完成国道的测量任务。紧接着继续去 525 县道。在公路上，我发现 525 县道路边的耕地多是种植水果，如葡萄、蓝莓、草莓等。恰好 525 县道路边有很多椿树，测量完成后，在一位老伯的允许下，我们欢喜地摘了不少椿叶回家，收获颇丰。

通过这次调研，我真的学到了很多。首先，调研其实并没有想象中那么简单和轻松。以这次清明调研为例，每个测量数据背后都暗含着我在太阳下挥汗如雨的努力。其次，调研意义重大。只有经过调研，才能真正知道一个政策是否具有可行性与科学性，才能真正明确一个决定的优点或缺点，才能真正做到查漏补缺。调研中，隐藏着实事求是的道理。同时，调研极具趣味性。在调研过程中，可以见到各种各样的人和事，体会到不一样的生活方式。有些人，如我此次调研活动中碰到的大娘和大伯，大娘热情、幽默，大伯大方、朴实，让我实实在在感受到人性之美。

调研其实是一个学习与成长的过程。古语有云，"读万卷书，行万里路。"调研就是通过"行"去理解和验证以前所"读"知识的过程。在这个过程中，你的所见所识能够不断开阔自己的视野与胸襟。

第三篇

调研报告

增强革命老区“造血”功能亟须加大政府采购政策支持力度

王　颖[①]

要改变革命老区落后面貌，其出路就在于帮助其建立强大的“造血”功能。由于“造血”的主体是企业，因此，“造血”功能强大与否的主要标志是企业（产业）及其产品（服务）是否具有强大的竞争力。

为扶持革命老区企业、产业发展，其产品出路还需政府采购政策给予扶持。

一、政府采购政策在扶持革命老区产业发展方面的现状

按照功能不同，政府采购大体分为两类，即一般性政府采购和政策性政府采购。前者旨在保证日常政务活动的开展或者满足公共服务的需要。在实践中，大部分的政府采购属于一般性政府采购。这类采购遵循成本效益原则。后者是为了实现社会需要，如支持欠发达地区等，主要体现政府采购作为政府宏观调控工具的职能。这类采购不是以成本效益为原则，而是以满足政策需要为原则，如支持欠发达地区发展、产业发展等都有可能成为决定原则。

自 2003 年开始实施并于 2014 年修正的《中华人民共和国政府采

① 王颖，江西农业大学南昌商学院 2019 级人力资源管理专业学生。

购法》第九条明确规定，“政府采购应当有助于实现国家的经济和社会发展政策目标”，扶持革命老区等不发达地区，促进中小企业发展。2015 年开始实施的《中华人民共和国政府采购法实施条例》同样强调政府采购政策应该“通过制定采购需求标准、预留采购份额、价格评审优惠、优先采购等措施”，扶持不发达地区、促进中小企业发展。革命老区大多属于欠发达地区。

政府采购法及其实施条例的相继出台，为支持革命老区发展提供了法律依据。

二、国际经验与启示

（一）主要做法及经验

美国是世界上最早实行政府采购政策的国家之一，也是运用政府采购支持产业发展较成功的国家之一。为保护本国产业，美国于 1933 年就制定了《购买美国产品法》，规定凡是用美国联邦基金购买供政府使用或建设公共工程使用的商品，若非违反公共利益或质量不符合标准，均应购买美国货物（原材料和产品），且 50% 的政府采购合同必须与本土企业尤其是中小企业签订；同等条件下，美国联邦政府给予国内投标商 10%~30% 价格优惠。美国的政府采购激励了高新技术成果的转化，一批中小企业迅速成长，昔日落后的西部硅谷地区和东部 128 公路沿线区域由此成为世界技术高地，经济社会高度繁荣。

国际上政府采购支出一般占年度 GDP 的 10% 以上，2004 年欧盟政府采购支出占 GDP 的 16%。欧盟规定，在水、能源、通信及交通四个领域的公共设施采购中，欧盟产品的比例必须达到 50% 以上，价格高于 3% 以内的，也必须优先购买。意大利鼓励将大宗政府采购合同按一定比例分包给中小企业。英国规定，中央一级采购合同的 10% 给予中小企业，并责成财政部每年检查该规定落实情况。

日本政府规定，对购买特定的国产货物可享有特别折旧优惠，购买国产机器设备可享有照顾性补贴以及长期、低息、延期偿还贷款等。日本注重利用国有企业采购国产货物从而达到促进高新技术产业发展的目的。

韩国对中小企业开发的新技术、新产品实施政府收购和优先采购，增加中小企业产品采购比重。

（二）若干启示

第一，政府采购规模是实现产业调控功能的基础。通过需求引导产业发展方向，是最直观、最便捷的政府采购宏观调控手段之一。将政府采购政策向欠发达地区倾斜，动用财政收入购买欠发达地区的劳务和商品，从而扩大落后地区产品的市场份额，带动区域经济发展。这是发达国家支持欠发达地区通常使用的方法。

第二，强有力的执行是履行政策性政府采购的关键。发达国家政府采购不仅有法律保障，而且制定了诸多实施细则法规，还建立了相应的监督机制，三者缺一不可。

第三，政府采购要与明确的产业发展目标相结合。政府采购能够使幼稚产业获得足够的市场，使产品在不断迭代中提高技术和质量，从而逐渐达到能够与强手竞争的水平。由于区域发展程度不同，各行业中企业自身的经济实力、科研能力、生产能力不同，能够真正实现产业发展的潜力也不同，因此，应该在政策上区别对待。在扶持特定区域发展中，需要明确重点支持哪些产业、优先支持哪些企业，这也是国际社会的普遍做法。

第四，在政府采购过程中引入风险补偿机制。美国和英国的经验表明，在政府采购过程中引入风险补偿机制，可以有效降低企业风险，促进高新技术企业对研发的投资，提高高新技术产业技术水平。

（三）加大政府采购政策扶持力度，增强革命老区“造血”功能的若干建议

第一，不忘初心，真正重视从根本上解决革命老区落后问题，实

现政策的有效衔接。在统一市场环境下，企业可以跨地区参与市场竞争，客观上有利于促进地区间市场主体的分工和资源配置。但在市场非均衡条件下，革命老区企业由于竞争力较弱，如果完全依靠市场竞争的力量难以有效推动老区企业技术创新，不利于解决地区间发展差距不断扩大的问题。要从根本上解决老区“造血”功能不足的问题，就必须补齐政策“短板”，将政府采购政策纳入其中，与产业布局、财政补贴等政策有机结合，形成完整的政策链。在产品研发阶段，以财政补贴政策为主，支持企业的创新行为；在产品产出阶段，以政府采购政策为主，购买企业创新成果，助推企业发展。

第二，扩大政府采购规模，提高革命老区产品的采购比例，实施灵活的价格政策。针对现有政府采购政策缺陷，一是在存量上明确量化对革命老区产品的政府采购比例，定向扶持革命老区产业。二是在增量上，进一步扩大政府采购规模，并将增量主要预留给革命老区。在向革命老区企业倾斜的同时，要保证 10% 左右政府采购合同优先授予革命老区中小企业。在具体实施过程中，严格限制设置准入资格歧视行为，细分采购项目、降低标的规模，为革命老区中小企业进入政府采购市场提供更大的空间。在优先采购革命老区产品时，既要支持购买原产于革命老区的传统产业产品，明确规定下限比例，也要积极购买原产于革命老区的高新技术产业产品，且明确规定采购比例。给予革命老区产品一定的价格优惠。如产品性能相同时，给予原产于革命老区产品 5% 的价格优惠，允许革命老区的产品与国内其他的高新技术产品或传统产业产品的价格有一定的差异，这个差额是政府为了支持革命老区产业发展额外支付的资金。不断加大对绿色产品采购力度，给予原产于革命老区的国防安全、绿色环保产品更高的采购价格优惠。加大对革命老区文化旅游产品的政府采购力度并给予价格优惠，扶持新兴文化产业发展，支持文化产业国际拓展。

第三，实行政府首购，完善支持革命老区的政府采购机制。对来自革命老区的企业或科研机构研发的试制品和首次投向市场的产品等预先招标采购，进行示范使用。其意义有四点：一是政府强大的购买力可为企业提供稳定、可预期的市场，不仅有效降低研发风险，而且降低了生产成本，增加了企业利润。二是可以反馈使用信息，促进高新技术产品更加成熟。三是对整个市场起到良好的示范作用，增加市场对该产品的了解，引导市场接受新产品，实现产品升级、产业转型。四是通过采购合同，决定高新技术产品的标准、质量、价格等因素，使其更加符合产业政策。

中央和地方各级政府采购中心设立专门的革命老区产品采购办公室，负责制定采购革命老区产品的法规与政策、推行有利于革命老区技术创新的采购政策以及协调采购活动中采购者与产品供应者的技术关系、对采购事项进行统计分析与评估等。同时，成立革命老区产品政府采购监督检查机构，对有关革命老区产品采购的一切事项进行严格考核与审查，保证采购的公正合法。

第四，创新革命老区产品政府采购政策。一是由国务院组织相关职能部门，结合我国实情，研究确定重点支持最有发展潜力、最能够提高革命老区产业竞争力的高新技术产业，并使政府采购能够与该产业发展特点相结合，充分发挥政府采购的作用。在重点产业内部，明确重点扶持项目，确保从事该项目的企业能够得到稳定、持续的政府支持。二是针对革命老区技术创新能力弱、风险意识差的情况，借鉴国际经验，设立风险补偿基金。在政府采购的各项经费中按采购性质和金额大小，按一定比例拨出资金存入风险补偿基金账户。当高新技术企业研发失败时，按照采购合同约定，通过风险补偿基金弥补企业损失。三是通过购买合同的附加条款，间接促进革命老区高新技术产业发展。如要求中标的高新技术企业必须在革命老区建立生产线，通过技术外溢，促进革命老区相关产业的发展。四是实施政府定向采购。既可以把政府定向采购和对消费者购买革命老区高新技术产品的补贴措施有机结合，也可以以技术入股的方式在特定老区投资建厂。针对革命老区研究人员、科研院所不具有投产能力的情况，可以在买断其技术成果后，募集资本、组建企业，再通过政府定向采购，支持该企业的经营。

政府治理能力现代化视域下的基层智慧政务建设探析——以安福智慧政务中心为例

龚苡慧[①]

一、安福基层智慧政务建设机制探析

智慧政务对加快转变政府职能，提高政府服务效率和透明度，便利群众办事创业，进一步激发市场活力和社会创造力具有重大意义（彭志刚，2017）。2016 年是智慧政务的启动年（史普原，2017）。李克强总理在 2016 年全国人民代表大会第四次会议上的《政府工作报告》中提出了“互联网 + 政务服务”，2016 年国务院发布的《关于加快推进“互联网 + 政务服务”工作的指导意见》，将智慧政务建设推向了一个新的发展阶段。为贯彻落实党中央、国务院决策部署，把简政放权、放管结合、优化服务改革推向纵深的关键环节，安福政务智慧中心积极推进“放管服”改革工作，努力提升智慧政务服务水平，在规划设计、多渠道服务、服务功能等方面均有明显提升，逐渐探索出一套契合提高政府治理能力现代化、符合公民政务需求的基层智慧政务建设机制。

（一）打造“智慧大脑”

在推进基层智慧政务建设中，安福县坚持“数据多跑路，百姓少

① 江西师范大学马克思主义学院、苏区振兴研究院硕士研究生。

跑腿”的理念，打造了政务服务中心、大数据管理中心、综合指挥中心三个智慧中心，为智慧政务提供了支撑信息数据的智慧大脑。一是政务服务中心，打造了“一号一窗一网一端”的综合服务模式。安福政务服务中心建成全县综合受理审批平台，配备了江西省首个政务服务智能机器人等智能设备，打造了集引导、叫号、受理、审批、监管、出件全流程智能化的智慧政务新模式，可让政务服务做到“一窗受理、集成服务”，同时严格执行“三集中三到位”要求，安福县已入驻政务部门 40 个，服务窗口 162 个，依申请政务服务事项 778 项，进驻中心 571 项，进驻率达 73.4%。二是大数据管理中心。通过对政务大数据在智慧政务发展中的价值分析（宋瑞凤，2019），政务大数据提高决策科学性；依托政务大数据，一方面可以尽可能借力政务大数据推动智慧政务的创新发展，全面地收集民生舆情相关信息，更加真实地反映民心民意，另一方面可以快速、准确地完成数据统计、分析，更加直观地展示数据分析结果。政务大数据推动国家治理能力现代化；大数据技术应用，信息壁垒与垄断被打破，无论是社会组织还是社会个体都可以通过不同的渠道获得大量信息，公共治理能够受到大众监督。信息网络发展，突破了空间与时间限制，在不同领域实现不同层次的政府与民众间的交流互动，加快政府主导，公众广泛参与的多元治理格局定型。安福智慧政务大数据中心汇聚了安福县 16 家单位 122 类 677 万余条静态数据，初步完成人口库、法人库、宏观经济库、电子证照库、地理空间库等系统建设，积极对接省市数据共享交换平台，逐步接入省市系统，打破了信息孤岛和部门信息壁垒，为政务服务、民生服务、城市管理、产业发展提供数据支撑。三是综合指挥中心。为实现安福县社会治理、公共服务、应急处置的协同化，安福智慧政务综合指挥中心，以“系统互联互通、资源共享共用、业务协同创新”为主线，充分运用物联网、云计算、大数据、空间地理信息集成等新一代信息技术，整合综合预警、智慧城管、工地监控平台、城乡两违管控、热线服务、应急管理、公安天网、交通管控、森林防火、防汛抗旱、人民防空 11 个业务系统，构建了多位一体的智慧城市综合指挥管理体系。在提升指挥调度效率上，安福县搭建了全县总结指挥调度平台，采用减少智慧层级、畅通指挥流程的扁平化管理方式，形成了由县委、县政府统一领导，县公安指挥中心、县城市管理行政执法局等专项指挥部门具体协调，各部门协同配合的“1+1+N”综合指挥机制，集中调度社会治理、公共服务和应急处置工作。

（二）坚持“双轨集成”

一是线下“人工集成”，实现政务服务由“一站式”向“一窗式”升级。一窗受理“优服务”。根据企业和群众办事频率、办事习惯，在政务服务大厅设置企业服务类、投资建设类、社保医保类、不动产类、综合服务类 5 个综合受理窗口，实行叫号服务，办事群众随机取号，在受理窗口交件办理，较好地解决了群众办事排队时间长、多处跑等问题。据统计，群众在服务大厅办事时间同比平均缩短了 15 分钟以上。截至 2019 年 5 月，安福县企业注册开办、国有土地使用权出让与转让审批、房屋转移交易确认登记、房屋抵押备案确认登记办理时限分别压缩至 2 个工作日、4 个工作日、7 个工作日和 3 个工作日，政府和企业投资建设工程项目开工前审批时限均压缩至 30 个工作日以内。规范审批“强监管”。设立投资建设工程项目并联审批专区，将县发展和改革委员会等单位审批服务专业人员集中办公，开展投资项目并联审批，提高行政审批效率。二是线上“智能集成”，实现政务服务由“一站受理”向“一网通办”升级。推动网上平台、移动客户端等有机结合，将全程网办事项接入政务服务审批系统。同时将群众期盼的社保、医保、民政、卫计等服务事项纳入“一次不跑”清单。健全网办渠道。通过政府购买服务方式，与邮政速递物流公司签订了全面合作协议，在江西省率先开展政务服务邮递送达全单委托业务。

（三）打通“最后一公里”

安福县全面推开了县、乡、村三级政务服务体系，将服务事项下沉和延伸拓展到村（社区）和工业园区，全面落实节假日服务“不打烊”，打通政务服务“最后一公里”。一是服务站建到家门口。在全县19个乡镇全面推开“一次不跑”村（社区）代办服务，按照在交通要道口、辐射面广、方便群众等原则，精心设立了99个村（社区）级代办点。建立村委服务站，委托村“三大头”担任“一次不跑”代办员；探索商店服务站，请交通要道口、农户集中的居住地附近的便民商店年轻老板担任代办员；试行卫生室服务站，邀请村卫生室的“赤脚医生”来担任代办员，让群众在家门口就能把事办完。二是政务超市驻园区。紧扣“园区事情优先办，园区事情园区结”的理念，在全省县域城市率先建立县工业园区政务服务超市。进驻市监、发改等20个办事窗口，建立“工业园区星期二并联审批工作日”制，切实解决企业投资项目审批长、手续多等问题。园区政务服务超市自2018年12月运营以来，共为企业办理了40件审批事项、145件民生事项、92件综合服务事项。三是错时、延时和预约服务提效能。自2018年12月30日起，在安福县各级政务服务办事大厅全面开展延时、错时和预约服务。依托智慧安福手机APP、自助服务终端等渠道，推行线上24小时全天候服务；在安福县各级政务服务大厅推行线下“不打烊”服务，科学合理安排延时服务值班人员。

二、安福基层智慧政务建设现存问题探析

在推进政府治理能力现代化建设中，要充分发挥基层智慧政务的优势和效率，但在实际的基层智慧政务建设探索中，还面临着几方面的不足，存在改革工作有待进一步落实；信息、部门协调整合有待进

一步落实；公众期望有待进一步达成等问题。

（一）改革工作有待进一步落实

少数单位依然没有进驻县政务服务中心，有的单位窗口的事项有待进一步落实。工程建设项目审批时间压缩、工程建设项目“联合图审”“联合验收”、企业投资项目“多评合一”“并联审批”等重点领域重点事项办理难以落实。

（二）信息、部门协调整合有待进一步落实

大数据时代，有 80% 的数据掌握在政府手里，政府是政务数据的采集者、拥有者、管理者，拥有庞大的数据库，拥有任何其他社会组织和团体不可比拟的优势。但是，由于体制、机制、技术等各种因素的影响，目前，个别政府部门间的信息沟通协调不畅，存在条块分割、各成体系现象，各部门相互间的数据共享、互联、互通难以实现，导致现有的各种数据资源处于休眠和隔离状态，数据资源没有得到有效利用，没有发挥数据资源的优势，从而严重阻碍了部门间的业务协同和共同发展。目前，基层政府的政务数据资源交换和共享平台尚未健全，政务数据基础平台库还未形成，基础数据库还有待深化，政务大数据开发共享利用机制还未完善，对数据资源的应用和发展还需要进一步加强。

（三）公众期望有待进一步达成

基层智慧政务建设与公众期盼有差距。有些单位对“一次不跑”改革工作存在观望情绪，参与支持不够，没有拿出“刀刃向内”的勇气，改革事项清单梳理不充分。群众和企业呼吁最强烈的不动产交易及投资项目审批等重点领域重点事项亟待纳入“一次不跑”或“只跑一次”事项清单。

三、安福基层智慧政务建设对策与建议

（一）强化顶层设计与总体规划

第一，智慧政务建设是一个多样化的复杂系统，政府职能部门需要有长远的目光，做好顶层设计，科学规划，根据未来政务发展的方向，结合本地实际需要，树立全局观念、整体性思维，坚持“统一规划、统一标准、统一运作”的原则，因地制宜，分步推进。第二，建立跨部门、跨地区协同推进机制，要出台相配套的规范性文件，完善政务建设和服务的内容，厘清部门职责，精简机构和人员，梳理业务流程，明确权责，制定详细的操作细则，规范各职能部门业务范围，避免权力的重叠和交叉。第三，坚持以人为本的原则，充分利用智慧政务平台的资源整合、智慧处理、交互沟通、快捷方便的优势，用信息化手段更好地感知社会态势、畅通沟通渠道、辅助决策施政，推进政府决策科学化、社会治理精准化、公共服务高效化，满足人民群众对政务发展的期待和需求。

（二）加强信息资源整合

第一，要有全局观念，从国家治理现代化的整体思路出发，宏观把握、微观着手、通盘考虑、权衡利弊，构建起上下级、同级间不同层次、不同级别的信息资源沟通协调机制，打破条块分割、地域限制、部门隔离的模式，最大限度地调动一切信息资源，满足政务数据资源的需要，强化数据资源的综合利用效率，推进信息资源协同处理机制建设。第二，加快推进政务标准化体系建设。目前，智慧政务建设才刚刚起步，底子薄、基础差，没有现成的可以直接使用的系统体系标准可供参考，这就需要从头开始，建立起符合国情、省情、市情的标准化体系，紧跟发展形势，构建起一套国家标准体系，并依照标准制定一些具体措施，为政务建设提供技术支撑。要积极推进政府各部门资源共享、技术标准统一以及跨部门智能应用系统建设。第三，完善基础数据库和公共应用平台建设。政务系统的高效运行离不开基

础数据的支撑，没有数据的支撑，系统就犹如枯竭的河流缺失了水的滋润。要加强人口、企业法人、地理空间、宏观经济等基础数据库建设，为政务系统的安全平稳运行提供源源不断的数据支撑。同时，要加大力度推进信息应用平台建设，提升政务信息社会化运用效果。以市场优势和社会效益推动智慧政务的发展，健全信息公开的工作机制和制度保障，构建一站式政务服务平台，实现政务数据资源业务功能流程管理科学化、规范化和集成化发展。

（三）严格落实智慧政务大厅服务功能

一是严格落实“三集中三到位”，真正做到“只进一扇门”。深入推进“一窗式”改革，真正实现企业和群众办事“一窗”受理。二是全面推进“一次不跑”和“只跑一次”改革。聚焦企业和群众最关注的不动产交易、社保医保、企业注册开办、投资项目审批等高频多发、量大面广的事项，提高“一次不跑”事项清单的“含金量”，实现全县“一次不跑”“只跑一次”办理率 70% 以上的基本目标。三是优化窗口作风建设。落实“放管服”改革动能效能双提升工作机制，重点针对政务服务领域存在的“怕、慢、假、庸、散”等突出问题，畅通政务服务投诉举报渠道，完善满意度评价系统，建立问题受理、转办、督办、反馈以及问责的全流程工作机制。

优化农产品有效供给、建设生态农业强省

刘善庆　余晓霞[①]

江西推动农业供给侧结构性改革的重要内容之一是进一步发挥生态

① 刘善庆，江西师范大学苏区振兴研究院常务副院长；余晓霞，浙江邮电职业技术学院 金融管理专业 19 级学生。

优势，优化农产品的有效供给，加速推进江西农业从大省向强省的转变。

江西师范大学苏区振兴研究院组织研究人员先后赴金溪、赣州市苏区办、南康、大余、信丰、兴国等地、单位进行实地调研，通过召开座谈会、实地察看等方式，了解了各地优化农产品供给、建设生态农业的具体做法。在此基础上，形成了本报告。

一、江西农产品供给存在的主要问题

目前，我国经济正处于转型升级关口：产业结构正由工业主导向服务业主导转型，城镇化结构正由规模城镇化向人口城镇化转型，消费结构正由物质型消费为主向服务型消费为主转型。

2008年以后，我国总体上进入一个以人的自身发展为重要目标的发展型新阶段。在这个新的发展阶段，城乡居民消费规模不断扩大。例如，我国社会消费品零售总额由2011年的18.39万亿元增长到2015年的30.09万亿元，年均增速达到13.4%，高于GDP增速近6个百分点。与此同时，消费结构正在快速升级。一方面，从生存型消费向发展型消费升级。城镇居民的消费需求已由工业品为主向教育、医疗、健康、旅游等服务消费为主转变，农村居民的消费需求已由生活必需品为主向工业消费品为主转变。另一方面，从传统消费向新型消费升级。人们对绿色消费、便捷消费等新型消费的需求进一步提高。随着人们从物质型消费向服务型消费的不断升级，城镇居民的服务型消费占比将提高到50%以上，一些发达地区有可能达到60%左右。我国城乡居民服务型消费将进入全面快速增长的新阶段，由此消费对经济增长的贡献率将明显提升。

在我国消费需求已经或正处于转型、升级的同时，我国的供给多数却仍然处于传统状态。就我省农业、农产品来说，当前面临的主要问题其实就是消费需求侧已经升级，供给侧必须适应消费的升级而升级的问题。

中央农村工作会议明确指出，农业供给侧结构性改革的重点是去库存、降成本、补“短板”。江西省的农业供给侧结构具体表现如下：

从农业功能来看，生产功能发挥比较充分，而生活、生态功能发挥较为滞后。过去，农业发展更多关注的是生产环节，例如，产量的高低、品种的选育等，但是较少从消费者的角度对农业生产提出要求，比如关注消费者的口味变化、健康需求、兴趣爱好、饮食习惯等。

从生产过程来看，虽然较早认识到生态循环农业的重要性，并取得了较大进步，但仍处于攻坚阶段。

从产业融合看，农业与第二、第三产业融合程度不紧密、链条短、附加值不高，一二三产业协调发展不够。

从要素资源来看，土地资源短缺问题和农村存在的大量抛荒、半抛荒现象并存。农村剩余劳动力仍有不少，但农业成本上涨很快。

从农产品供需平衡来看，主要是低水平供给与高水平需求不匹配。突出表现是初级产品多，加工产品少；低端产品多，中高端产品少；大路货多，精品名牌少；单一功能产品多，多种功能产品少；等等。

二、江西省推进农产品结构性改革、优化农产品有效供给的重大意义

迟福林认为，经济转型与结构性改革赢在转折点。多个历史事实和实践案例表明，一个企业、一个地区往往不是赢在起点，而是赢在转折点。

一个地区能否成功转型是这个地区经济增长的重要决定因素。经济转型升级是“十三五”发展的最大潜力和最大亮点，“十三五”是江西省经济转型升级的历史关节点，如何“赢在转折点”，是政府、学术界、社会等各界都需要面对的重大问题。对于以农业为主的江西省来说，不断加大农业供给侧结构性改革力度、加速农业转型升级的步伐，就是赢在转折点的重大举措。

农业供给侧结构性改革的重要目标是促进农业的转型升级。以农

业供给侧结构性改革破解农业转型的结构性矛盾，关键取决于农业供给侧结构性改革在多大程度上能适应农业转型升级的需求与趋势破题发力。江西省农业转型升级对农业供给侧结构性改革提出了内在需求，对农业供给侧结构性改革的依赖性明显加大。可以说，农业供给侧结构性改革是促进江西省农业转型升级最重要的条件。

农产品消费结构变革拉动农产品供给结构发生变革，最终驱动农业转型升级。不断改善、优化农产品有效供给，完善消费结构，满足社会消费是拉动经济增长的重要驱动力。2015 年，最终消费对 GDP 增长贡献率为 66.4%，比 2014 年高出 14.8 个百分点，消费在拉动经济增长中“第一推动力”的地位逐步稳固。尽管 2015 年我国经济增速有所下滑，但从实际来看，消费促进了产业变革，起到了稳定经济增长的作用。实践证明，消费既是生产的目的，也是生产的动力。

党的十八届五中全会提出“创新、协调、绿色、开放、共享”五大发展理念，对于江西农业而言，就是要深入贯彻落实党的十八届五中全会精神，牢固树立“五大发展理念”，按照习近平总书记视察江西时的重要指示，坚持以“发展升级、小康提速、绿色崛起、实干兴赣”十六字方针，坚定不移推进农业供给侧结构性改革，优化农产品有效供给，着力打造全国绿色食品产业基地，率先在全国实现农业绿色崛起，推动江西省由传统农业大省向现代生态农业强省转变。

三、改革农业供给侧的物质结构　优化农产品有效供给

（一）基本原则

1. 以问题为导向

改革农业供给侧的物质结构，要以问题为导向，从消费者的角度对农业生产提出要求，调整农业生产结构。

2. 以需求为引领

以需求为引领，减少和淘汰落后产能，减少无效供给，增加有效供给，创造更加现代、优质、高端、绿色、安全的农产品供给，实现供给和需求的新平衡。

3. 以效益为中心

以效益为中心，扬长避短，降低成本，做大、做强优质农业产业和龙头企业，切实增加农民收入。

4. 以科技为支撑

以科技为支撑，推动农产品加工业转型升级，加快发展“互联网+农业”，大力实施农业精品名牌战略，有效提升粮食产能，确保粮食安全。

5. 以企业为主体

以企业为主体，积极培育新型农业经营和服务主体，推动农业适度规模经营，促进农村一二三产业融合发展，提升农业综合效益。

6. 以政策为保障

以政策为保障，进一步完善“三农”政策，帮助农民增强抵御自然风险和市场风险的能力，为“三农”发展提供强有力的制度保障。

（二）需要解决的重点问题

1. 解决国内国际农业资源配置扭曲问题

近年来，农产品生产成本持续高涨，导致绝大多数国内农产品价格都高于进口价格。我国生产粮食成本很高，不具备比较优势。究其原因，规模经营水平偏低是农产品生产成本高的重要因素。

推进农业供给侧结构性改革、优化农产品有效供给，就是要通过发展多种形式的适度规模经营，努力降低农产品生产成本，提高农产品比较效益和竞争力。

站在全球看，全球化的益处不言而喻，如促进经济增长、贸易增长，让消费者有更多选择，能够以更低的成本获得物质、文化、服务等。需要充分抓住全球化带来的机遇，在国内确保口粮生产的同时，加强对全球农业开发潜力、环境与风险分析，采取多种方式努力降低粮食生产成本。落实“藏粮于地、藏粮于技”战略要求，强化粮食安全责任制，完善粮食生产扶持政策，确保粮食等主要农产品有效供给。

首先，稳定粮食生产面积。严守4600万亩耕地红线、2825万亩高标准农田底线和420亿斤以上粮食产量防线，稳步提升粮食产能，巩固粮食主产区地位。坚持“谁种补谁、适度规模经营”导向，不断完善耕地地力保护补贴、粮食适度规模经营补贴等扶持政策，提高农民种粮积极性。

其次，大力实施绿色增效行动。示范推广种植业“五大技术”，推进超级稻等绿色高产攻关和示范创建，示范带动提高粮食单产。大力推广水旱轮作和稻田、园地立体种养模式。重点推进高标准农田建设，依法划定永久基本农田，加快耕地建档立卡，全面推行耕地质量保护与提升，大力发展节水灌溉，确保关键时期粮食产得出、稳得住。

最后，组织开展重大技术联合攻关，提升商业化育种联合体研发能力，强化科技创新驱动，不断提升粮食品质，增强粮食产品的市场竞争力。

2. 解决三次产业之间资源配置扭曲问题

整体看，江西省产业结构中一产就业比重偏高，农产品加工业产值与农业产值之比偏低，表明第一产业与第二产业、第三产业之间资源配置扭曲。近几年来，国内粮食价格连年上涨，减缓了农村生产要素，尤其是农村劳动力向二三产业转移的步伐。必须通过市场机制，促进生产要素自由流动，调节第一产业和第二、第三产业之间的劳动力资源配置，调整优化三次产业所占比例，提高农民生产率。树立“大农业”概念，形成“一产接二连三”的互动型、融合型发展模式。提升发展产地初加工，大力发展农产品精深加工。健全农产品物流体系，积极发展以信息技术、电子商务等为支撑的“互联网 + 农业”以及农产品期货交易等新型流通业态。发展新型产业，引导二三产业资金技术进入农业，大力支持农村产业融合发展，积极争取国家专项建设基金支持，进一步撬动社会资本投资投向农村产业融合发展园区和重点项目建设，加快发展以农牧结合、农渔结合为重点的高效、立体、循环农业，加快推进以农村产业融合发展与新型城镇化相结合的产城融合，加快发展以田园山水游、农事体验游、民风民俗游等为特点的休闲观光农业，建设一批江西生态艺术型田园旅居综合体。

与此同时，推进农村土地确权，加快土地要素流动，引导和鼓励农民采取租赁、托管、股份合作等方式流转土地，全面推开农村产权综合交易市场建设，推动农业适度规模经营快速发展。

围绕农业产业链进行集成创新，加快创新农业商业模式，建立起调控有度、市场能够充分发挥作用的新型农业生产经营体系。资金重点要向现代农业示范园区、新型经营主体倾斜。利用财政资金撬动金融信贷，推进金融机构、产品和服务创新，抓好“财政惠农信贷通”、农业产业化融资担保、支持龙头企业上市等扶持政策落实。

3. 解决农业内部产业之间资源配置扭曲问题

我国土地密集型农产品比较效益一直极低。根据国家发展和改革委员会数据，2014 年，我国蔬菜平均每亩净利润为 2069.78 元，是稻谷的 10.1 倍，小麦的 23.6 倍，玉米的 25.30 倍，而棉花、糖料、大豆等土地密集型农产品生产净利润都是负值。这些数据说明我国粮食、棉花等土地密集型产业与水果、蔬菜、茶叶、水产品等劳动密集型、技术密集型产业之间资源配置不合理。江西省人均、劳均土地资源很低，土地密集型产业比较优势很难培育。在保证粮食生产安全的前提下，宜适度调减供应量大的普通农产品种植面积；利用调减出的耕地，发展优势特色产业，着力打造粮经饲统筹、农牧渔结合、生态循环发展的新型种养结构，大力支持特色水果、设施蔬菜、茶叶、淡水养殖等劳动密集型、技术密集型农产品发展，着力培育江西省农业比较优势，提高江西省农业竞争力。

合理配置农业内部产业之间的资源，需要处理好粮食和其他农产品生产的关系。贯彻“口粮绝对安全，谷物基本自给”大政方针，推进粮食收储制度改革。在基本稳定稻谷等最低收购价水平的基础上，逐步改变价格水平刚性上调的市场预期。同时，努力创造条件，降低操作成本，逐步取消针对大豆、油菜籽、棉花等价格支持政策，让市场在农业生产要素配置中发挥应有的作用。

4. 增加优质农产品有效供给

长期以来，我国超量生产出少数大众化产品，挤压了产品创新和产业链延伸，扭曲了资源配置，然而，小众化产品是市场需要的，“缺少层次化的垄断供应无法满足多层次的市场需求，这是结构性调整需要突破之处”（迟福林，2016）。从农产品供应看，优质农产品、特色农产品偏少仍是我国农业供给的薄弱环节之一。结合江西省的情况，绿色生态产品是我们的优质、特色农产品，在当前，这些产品就属于“小众化”产品，需要大力发展。

绿色生态是江西最大财富、最大优势、最大品牌。必须牢固树立生态红线意识，坚持以“绿色生态”为主方向，以“率先在全国实现绿色崛起”为目标，以“打造全国绿色食品产业基地”为突破口，以生态文明先行示范区为主平台，加快推动农业发展方式向绿色循环低碳转变。主要注意以下三个方面：

第一，千方百计保护绿色环境。这方面需要重点做好“控增量、减存量”。控增量，就是在农产品生产过程中推行科学施药、精准施肥、清洁生产、健康养殖、立体种养，确保化肥、农药使用量零增长，确保畜禽粪污、农膜、农作物秸秆基本得到资源化利用和无害化处理。

为了保护绿色生态环境，需要充分关注新技术的应用。其中，微生物技术就是一个新方向。

整体看，微生物开发是一个无中生有的大产业，利用那些废弃的农作物秸秆及牲畜粪便，点草成金、点粪成金。微生物的开发，概括起来有六大领域，或称之为“三料”“二品”和“一剂”。

“三料”就是肥料、饲料和燃料。微生物肥料是替代农药和化肥非常好的一个新肥种。特别是在化肥农业普遍受到诟病的背景下，生物肥料越来越受到重视。生物饲料是指农作物秸秆通过微生物处理，可以生产各种口味、适应各种动物吃的饲料。生物燃料是通过微生物从秸秆等农林废弃物里提取燃料乙醇。纤维素乙醇是世界公认的燃料乙醇产业发展方向，目前世界上以农林废弃物，如以秸秆为原料的纤维素乙醇技术不断取得进展。我国尤其江西省需要加大对纤维素乙醇研发和产业发展的支持力度。

“二品”就是食品和药品。微生物食品有很多，如虫草、灵芝、猴头、松茸、牛肝菌、平菇、草菇、金针菇、黑木耳等。微生物药品分三种，即人用、兽用、农作物使用的。通过利用新的生物技术，微生物药品的开发成果十分惊人，大有前途。

“一剂”就是微生物清洁剂。土壤和水污染了，用微生物技术可以把污染的土壤和水净化。

总之，微生物的开发潜力非常巨大，应该综合运用财政政策、金融政策、税收政策和价格政策等手段大力扶持。

减存量，就是要启动农产品产地分级管理，开展耕地休耕制度试点，加大重金属污染耕地修复和结构调整力度。

第二，不断增加绿色农产品比重，提升优质农产品供给能力。把工作着力点放到“打造全国绿色食品产业基地”的目标任务上，加快建设一批高标准、高起点的绿色农业生产基地，扩大“三品一标”认证总量规模，提升绿色、生态、有机农产品及加工产品所占比重和供给能力，把绿色农业建设成为江西农业的主导产业、特色产业。

第三，不断加大绿色农产品宣传力度，扩大优质农产品知名度。一方面，以市场为导向，运用现代技术，建设智慧农业进行生产、管理。建设智慧农业，重点在于“123+N”平台运行维护、农业大数据中心建设、农产品电商体系、演示中心建设等。通过智慧农业建设，实现江西省农业生产智能化、经营电商化、管理高效化、服务便捷化的目标，促进移动互联网、云计算、大数据、物联网等新一代信息技术与农业生产经营、管理服务全面融合发展，创新农产品流通渠道，实现农业管理高效透明，推进农业信息服务进村入户，建立起支撑江西省现代农业和城乡一体化发展的信息化新格局。另一方面，运用现代理念包装、宣传、营销江西省优质农产品，加快农产品品牌的打造和培育，进一步唱响江西绿色生态农产品品牌。其中，需要重点推进“四绿一红”茶叶、江西“三只鸡”（泰和乌鸡、崇仁麻鸡、宁都黄鸡）、“鄱阳湖”水产品的品牌整合培育，统筹推进其他农产品品牌创建工作。

加快农村水利基础设施修复与重建进度迫在眉睫

周　琪[①]

洪涝灾害不仅造成大量人员、财产受损，而且严重损毁农田水利基础设施，动摇农业产业发展基础，使乡村振兴步伐严重受阻。因此，需要引起高度重视，加快农村水利等基础设施的修复、重建进度。

① 江西师范大学马克思主义学院、苏区振兴研究院硕士研究生。

一、主要问题

（一）水利基础设施年久失修

水利是农业的命脉，水库、灌渠是重要的水利基础性设施。中华人民共和国成立以来，我国兴建了大批水库、灌区及配套渠系、山塘、沟渠等水利设施。以水库为例，全国 9.8 万多座水库中，多数都是 20 世纪 50 年代到 70 年代修建的。水利部通过十几年连续除险加固，目前加固了 6.6 万座，还有 3 万多座没有除险加固。由于当时资金和技术的限制，水利设施建设水平较低，存在规划较不合理、设计较不专业、配套设施较不足等问题。随着时间的推移，受长期冲刷以及雨水的侵蚀影响，这些水利设施因年久失修易成为病险水库。

目前，我国大多数农村水利基础设施建设投入以政府财政投入为主，具体是中央政府、省级政府出大头，县级政府配套、群众自筹为辅。由于水利设施点多、面广、投入大，县级财政资金配套能力非常有限。一般中小灌区新建、续建资金存在很大的缺口；部分处于末端的配套灌渠、田间沟渠、小山塘等小型水利设施也因得不到资金扶持而无法开工建设。

（二）水利基础设施监管有待完善

一是水利设施管理维护方面的法律法规有待完善，管护难度大。农田水利建设作为最基本的农业基础设施，一直以来却面临着所有权、使用权、管理权主体不明等问题，又因缺乏行之有效的管理制度，造成维修养护责任和经费投入主体界定不清，责任主体缺位等现象。二是农村水利基础设施建后监管有待完善。

（三）水利信息化程度有待提升

一是信息技术较落后，水利资源整合水平较低。监测、调度、预警、决策等信息化手段没有完全覆盖到水利各个领域，水资源计量、信息化管理水平有待提升，资源整合共享难。

水利业务系统功能较单一，数据划分存在不合理现象。大量水利工程建设、运行的监测数据均存储于机关各处室及直属事业单位或基层水管单位，没有完全整合到数据中心，无法进行数据分析和深度挖掘，决策支持能力有待提升。

二是水利专业人才较匮乏，技术力量薄弱，不能适应新形势下的水利工程建设管理的需要。以江西省为例，全省水利系统信息化专业人才、软件开发人才和系统管理人才较匮乏，既懂水利业务又懂信息化技术的复合型人才相对较少。

二、加快农村水利基础设施修复与重建的建议

（一）要进一步加大投入力度

积极吸纳社会资本投入农村水利等基础设施。这就需要为投资者搭建宽松的平台，建立多元化、多渠道的农村水利经济投入机制，不断扩大水利等基础设施建设的引资渠道，有效解决水利工程投入不足问题。

（二）要加大农村水利基础设施产权改革力度，建管并重

总体看，农村水利等基础设施都存在重建设轻管理的问题。为了有效解决这个问题，一是从法律层面明确农村水利基础设施所有权、使用权、管理权，强化管护意识，有效避免“公地悲剧”。二是采取以水利部门为主、多部门联动的方式强化水利工程的建设指导与技术支持，确保工程建设质量和效益，使水利工程“建得成、保得住、用得上”，真正成为利民、富民工程。三是充分发挥乡镇政府和村委会的组织协调作用。如村委会可以按照每组、每户的农田所在位置，划分灌渠的养护责任，明确谁使用、谁管理。对联户建设的小型水利基础设

施，由镇政府牵头签订建设、管理和使用一体化协议，通过责、权、利的明晰，打消农户投资建设的后顾之忧，同时落实管护责任。四是组织用水协会，强化协调管理能力。具体由村委会按照水利基础设施的属性及受益范围组建农民用水户协会，由该协会负责水利工程的日常维护以及水务的协调管理，有效扩大群众在水利活动过程中的知情权、参与权和监督权，并在此基础上逐步实现水利工程管理领域的自主决策、自我管理和自我发展。五是高度重视水利基础设施的定期修复工作。如江西省泰和县利用每年冬天枯水期的有利时机，投入劳动力和资金对水利设施开展冬修。修复对象既包括国营的灌渠，也包括集体灌渠，重点解决水利工程的清淤和塌方等问题。维修完工之后，国营灌渠由水利部门验收，集体灌渠则由乡镇验收。该方法有效解决了农村水利基础设施的定期养护问题。

（三）要高度重视水利信息化工作

水利供给侧改革的另一个“短板”是水利信息化。为此，一要加大水利信息化建设的资金投入力度，建管并重。有效整合水利信息化资金，统筹考虑水利信息化建设、运营、管护等各个环节的资金预算。完善建设运行维护机制，按照“系统的业务维护由业务部门负责，信息化主管部门负责保证项目所需软硬件环境正常运行的模式”建设管理。二要促进资源整合共享，建立信息共享机制，消除信息壁垒。通过信息资源整合，建立数据交换机制，促进行业间信息共享，降低信息化投资成本，提高信息资源利用效率，有效解决当前水利信息化项目投资分散、管理困难、维护成本高、安全防护水平低等问题，有效提升各级水行政主管部门的工作效能，推动水利管理和服务方式的变革与发展。